GESTÃO DE PESSOAS

Revisão técnica:

Igor Baptista de Oliveira Medeiros
Doutor em Administração

O48g Oliveira, Luana Yara Miolo de
      Gestão de pessoas / Luana Yara Miolo de Oliveira, Pablo Rodrigo Bes Oliveira, Roberta Sawitzki e Andrea Brauch Wanowschek dos Santos; revisão técnica: Igor Baptista de Oliveira Medeiros. – Porto Alegre : SAGAH, 2023.

      ISBN 978-65-5690-359-0

      1. Administração – Gestão – Pessoas. I. Oliveira, Pabro Rodrigo Bes. II. Sawitzki, R. III. Santos, Andrea Brauch Wanowschek dos. IV. Título.

CDU 331.1/.5

Catalogação na publicação: Mônica Ballejo Canto – CRB 10/1023

GESTÃO DE PESSOAS

Luana Yara Miolo de Oliveira
Mestre em Administração com ênfase em Gestão de Pessoas

Pablo Rodrigo Bes Oliveira
Bacharel em Administração de Empresas
Licenciado em Pedagogia
Especialista em Gestão e Planejamento Escolar
Especialista em Educação Infantil
Mestre em Educação — Estudos Culturais
MBA em Coaching
Doutorando em Educação

Roberta Sawitzki
Mestre e Doutora em Administração

Andrea Brauch Wanowschek dos Santos
Graduada em Administração de Empresas — Habilitação em Recursos Humanos
Especialista em Gestão de Pessoas
Especialista em Educação a distância: Gestão e Tutoria
Especialista em Educação Profissional

Porto Alegre
2023

sagah

© SAGAH EDUCAÇÃO S.A., 2023

Gerente editorial: *Arysinha Affonso*

Colaboraram nesta edição:
Editora: *Mirela Favaretto*
Preparação de originais: *Caroline Vieira*
Capa: *Paola Manica | Brand&Book*
Editoração: Kaéle Finalizando Ideias

> **Importante**
> Os links para sites da Web fornecidos neste livro foram todos testados, e seu funcionamento foi comprovado no momento da publicação do material. No entanto, a rede é extremamente dinâmica; suas páginas estão constantemente mudando de local e conteúdo. Assim, os editores declaram não ter qualquer responsabilidade sobre qualidade, precisão ou integralidade das informações referidas em tais links.

Reservados todos os direitos de publicação à
SAGAH EDUCAÇÃO S.A., uma empresa do GRUPO A EDUCAÇÃO S.A.

Rua Ernesto Alves, 150 – Bairro Floresta
90220-190 – Porto Alegre – RS
Fone: (51) 3027-7000

SAC 0800 703-3444 – www.grupoa.com.br

É proibida a duplicação ou reprodução deste volume, no todo ou em parte, sob quaisquer formas ou por quaisquer meios (eletrônico, mecânico, gravação, fotocópia, distribuição na Web e outros), sem permissão expressa da Editora.

IMPRESSO NO BRASIL
PRINTED IN BRAZIL

SUMÁRIO

Gestão de pessoas: evolução e tendências 9
Luana Yara Miolo de Oliveira
- Contexto histórico 9
- Operacional X gerencial 13
- Gestão de pessoas como parceiro estratégico 14

Gestão estratégica de pessoas 17
Roberta Sawitzki
- Gestão de pessoas e a estratégia da organização 18
- Competitividade e sustentabilidade
  via gestão estratégica de pessoas 25
- Estratégias de gestão de pessoas integradas
  aos objetivos organizacionais 31

Diversidade de pessoas 53
Pablo Rodrigo Bes Oliveira
- Diversidade de pessoas no contexto atual 54
- Importância da diversidade na composição das organizações 56
- Diversidade e legislação brasileira 58

Cultura organizacional 65
Luana Yara Miolo de Oliveira
- Cultura organizacional e seus conceitos 65
- Comportamento humano nas organizações 67
- Elementos da cultura organizacional 70

Liderança 75
Luana Yara Miolo de Oliveira
- Teorias da liderança 75
- Um gestor é necessariamente um líder? 79
- Estilos de liderança e suas influências 81

Gestão por competências 87
Luana Yara Miolo de Oliveira
- Modelo de gerenciamento 87
- Influência mútua entre competências organizacionais e individuais 93

Recrutamento e seleção 97
Luana Yara Miolo de Oliveira
    Prática e principais etapas 97
    Efetividade organizacional 104

Gestão do desempenho 107
Luana Yara Miolo de Oliveira
    Gestão e avaliação de desempenho 107
    Métodos de avaliação de desempenho 111
    Etapas da gestão de desempenho 113

Análise de cargos 119
Andrea Brauch Wanowschek dos Santos
    Estabelecimento de critérios para a descrição de cargos 120
    Descrição de cargos no desenvolvimento dos subsistemas de gestão 124
    Modelos de descrição de cargos 127

Remuneração 135
Andrea Brauch Wanowschek dos Santos
    Principais aspectos do processo de remuneração 135
    Gerenciamento da remuneração e benefícios como
        vantagem competitiva 142
    Processo remuneratório no gerenciamento da equidade interna e externa 144

Carreira 149
Andrea Brauch Wanowschek dos Santos
    Principais etapas do desenvolvimento de carreira 150
    Ações do desenvolvimento de carreira e o papel do gestor 152
    Definição e gerenciamento de carreira 156

Treinamento 163
Andrea Brauch Wanowschek dos Santos
    Treinamento e suas principais etapas 163
    Processo de treinamento e seus impactos 171
    Principais métodos de treinamento 172

Desenvolvimento 179
Andrea Brauch Wanowschek dos Santos
    Processo de desenvolvimento pessoal e organizacional 179
    Metodologias para o desenvolvimento de pessoas 182
    Papel do gestor no desenvolvimento de pessoas 184

Processo demissional 191
Andrea Brauch Wanowschek dos Santos
    Processo de demissão 191
    Principais fatores do processo demissional 194
    Processo demissional como ferramenta de gestão 198

Relações trabalhistas 205
Luana Yara Miolo de Oliveira
    Relações trabalhistas e os envolvidos 205
    Gestores e suas ações 210
    Relações trabalhistas e seus impactos 211

Indicadores de desempenho 215
Luana Yara Miolo de Oliveira
    Indicadores de desempenho e objetivos organizacionais 215
    Indicadores de desempenho para a gestão de pessoas 218
    Plano de ação 223

Gestão de pessoas: evolução e tendências

Objetivos de aprendizagem

Ao final deste texto, você deve apresentar os seguintes aprendizados:

- Reconhecer os processos de gestão de pessoas a partir de um contexto histórico ao momento atual.
- Diferenciar o processo de gestão de pessoas como rotina de área e papel gerencial.
- Identificar a importância da gestão das pessoas para a obtenção de vantagem competitiva organizacional.

Introdução

Como toda área de conhecimento, a Gestão de Pessoas também passou por um processo evolutivo de acordo com períodos históricos mundiais. Torna-se relevante entender essas fases, para chegar no que chamamos hoje de Gestão Estratégica de Pessoas, assim como seus subsistemas. Essa área da Administração possui funções que se caracterizam como operacionais e outras gerenciais, que influenciam diretamente na maneira de gerir uma organização e o relacionamento interpessoal.

Neste capítulo, você vai entender a evolução da Gestão de Pessoas, assim como as tendências que estão influenciando e que influenciarão essa área de conhecimento.

Contexto histórico

Entender a evolução da gestão de pessoas é essencial para uma boa compreensão da atuação nos dias de hoje dessa área da administração. Antigamente, no período da escravidão, as pessoas não recebiam pelo seu trabalho e a decisão pela "contratação" de uma pessoa se baseava simplesmente em suas condições físicas para realizar um trabalho que utilizasse somente sua força física.

Com o fim desse período e a demanda cada vez maior por pessoas consideradas produtivas, a administração das empresas, principalmente de fábricas, teve a necessidade de iniciar um controle de seus funcionários. Esse controle quantitativo era necessário para acompanhar o número de trabalhadores, a quantia em dinheiro recebida por cada um deles, a quantidade de horas que os funcionários trabalhavam, etc.

Em consequência ao período produtivo e a grande necessidade do mercado por produtos de maneira geral, as fábricas tiveram grande parte de sua mão de obra substituída por máquinas, pois isso trazia maior produtividade e um menor custo com pessoas. No entanto, teve início um grande movimento de trabalhadores exigindo melhor condições de trabalho. Motivados pela precariedade dos locais de trabalho, esses funcionários decidiram que seria importante demonstrar sua indignação perante aos baixos salários que recebiam, às muitas horas que trabalhavam e às condições de trabalho aos quais eram submetidos.

No Brasil, Getúlio Vargas, com a Consolidação das Leis Trabalhistas, conquistou popularidade formalizando inúmeras regras para os trabalhadores, em 1943, oportunizando, dessa forma, condições mais humanas de trabalho à sociedade em geral. O movimento sindicalista, como você pode observar na Figura 1, também foi muito importante neste contexto.

Figura 1. Protesto do Sindicato dos Metalúrgicos no final da década de 1970, em São Paulo.
Fonte: Casadaphoto/Shutterstock.com.

No que diz respeito à nomenclatura que se usa para essa área, muitas são as discussões, mas, em geral, desde as décadas de 1930 e 1940, o termo Departamento Pessoal era utilizado para designar o setor que cuidava basicamente de atividades quantitativas. Entre as décadas de 1950 e 1980, as pessoas eram vistas como um dos recursos que a empresa possuía, por isso a área passou a ser muito conhecida como Recursos Humanos, nomenclatura utilizada até os dias de hoje.

Contudo, na década de 1990, com a queda do muro de Berlim, o fim da Guerra Fria e a presença das forças ideológicas a respeito do indivíduo como um ser livre, veio à tona a reflexão sobre a palavra "recurso", que estaria diretamente ligada ao alcance de resultados, metas e lucros. Desde então, muitas empresas passaram a adotar o termo **gestão de pessoas**, entendendo, assim, que se trata de um setor que necessita de uma gestão profissional e coerente com a sua importância na participação geral da empresa e no alcance de resultados por meio das pessoas, sendo estas parceiras nas decisões.

Existem ainda, outros nomes que as organizações utilizam, como gestão de talentos, gestão de gente, gestão do capital humano, etc. No entanto, é necessário que as práticas desenvolvidas por essas empresas sejam correlacionadas ao que é pregado como importante para a gestão de pessoas, ou seja, o nome não deve ser colocado porque soa melhor, mas sim porque as práticas sejam dignas de uma área estruturada e profissional.

Saiba mais

Antes da década de 1930 era muito comum a presença de crianças trabalhadoras nas fábricas. Elas eram escolhidas, principalmente, para fazer a manutenção e limpeza das máquinas, pois o acesso aos "cantinhos" e "buracos" das máquinas era facilitado devido as suas estaturas e tamanhos menores. No entanto, muitos eram os casos de acidentes de trabalho. Você pode conferir mais detalhes a respeito desse assunto e acerca dos abusos que os funcionários em geral sofriam no filme "Daens — Um Grito de Justiça" (1992), de Stijn Coninx, que conta a história de um padre católico que decide enfrentar os proprietários de uma fábrica na qual trabalham crianças e adultos em condições desumanas, no final do século XIX.

Linha cronológica

A evolução da gestão de pessoas, obviamente, sofreu muitas influências sociais e políticas em cada uma de suas fases. A seguir, você verá um resumo das principais fases da área em ordem cronológica em âmbito brasileiro.

- Antes de 1930: inexistência de um departamento específico para a administração de pessoas de um modo geral — foco no recrutamento e seleção considerando, na maioria dos casos, a força física do trabalhador.
- Década de 1930: início da administração de pessoal — foco na documentação legal dos trabalhadores.
- Após 1930: verdadeira Legislação Trabalhista, quando é criado o Ministério do Trabalho, Indústria e Comércio (hoje Ministério do Trabalho e Emprego) — foco nas leis trabalhistas.
- Em 1943: Consolidação das Leis Trabalhistas (CLT) no Brasil — foco no departamento pessoal como forma de acompanhamento dessas leis.
- 1945: surgem os primeiros estudos a respeito de liderança, democracia no trabalho e motivação. Inicia-se uma atenção maior ao poder das relações informais no ambiente de trabalho.
- Década de 1950: auge das escolas de relações humanas. Surge a denominação que liga essa área à ciência humana: o gerente de recursos humanos. Juscelino Kubitschek implementou a indústria automobilística, o que fez os treinamentos serem o foco de trabalho.
- Entre as décadas de 1950 e 1970: fase administrativa e sindicalista, em que o sindicalismo se faz presente e as relações entre capital e trabalho são destacadas.
- Década de 1980: início da preocupação cada vez maior com as condições de trabalho ideais, no que diz respeito à saúde e à segurança do trabalhador. Psicólogos e administradores passam a fazer parte da área de recursos humanos.
- A partir da década de 1990: o ambiente competitivo e o grande desenvolvimento tecnológico, fazem a área de recursos humanos começar a pensar estrategicamente na aprendizagem de seus funcionários. Início do conceito de gestão de pessoas.
- Atualmente: com início do pensamento na década de 1980, a gestão estratégica de pessoas tem uma visão sistêmica e holística a respeito dos processos organizacionais e das pessoas nas relações de trabalho. As empresas passam a englobar, cada vez mais, a gestão de pessoas no desenvolvimento de seus planejamentos estratégicos.

> **Link**
>
> Veja um resumo das principais mudanças nos últimos 15 anos na área de gestão de pessoas, baseando em sete subsistemas da área no link a seguir:
>
> https://goo.gl/fquPAk/

Operacional X gerencial

A gestão de pessoas de uma empresa atua em todas as áreas de uma organização. Na verdade, a área não deveria se restringir somente às funções operacionais que suas atividades exigem, mas também, é de grande importância que o gestor responsável pela área consiga ser atuante junto aos outros gestores da empresa. Em cada área, por exemplo, é exigida uma equipe de funcionários específica, para qual é necessário planejar: "como será a admissão desses funcionários", "quais são os perfis necessários", "como serão realizados os treinamentos dessas pessoas", "como serão avaliados os desempenhos dos componentes desse grupo" e "quais serão as atividades desenvolvidas por cada integrante dessa equipe que esteja de acordo com seu cargo e seu nível hierárquico".

Todas essas são questões que a área de gestão de pessoas deve planejar juntamente com os gestores, para dar continuidade às atividades necessárias e, assim, cada gestor estar focado no desenvolvimento de suas atividades pertinentes às áreas. Obviamente, dependendo do negócio da empresa, a gestão de pessoas deverá atuar de maneira mais operacional e em outra mais gerencial.

Uma empresa de publicidade e propaganda, por exemplo, é uma organização que presta serviços, pois não há um produto tangível a ser entregue aos seus clientes. Com certeza haverá um departamento ou pessoa responsável pela organização de pagamentos e outros trabalhos burocráticos, porém a atuação da gestão de pessoas será mais gerencial e estratégica, diferentemente de uma fábrica, cuja principal atividade está no sistema fabril. Nesse caso, a gestão de pessoas poderá criar atividades que auxiliem seus gestores, no entanto a própria atividade, por ser operacional, requer um controle mais burocrático, pois se trata de um modelo de produção em que as pessoas realizarão atividades operacionais.

> **Fique atento**
>
> Muitas empresas, devido ao seu tamanho ou negócio, optam por terceirizar a área de gestão de pessoas por motivos financeiros ou estratégicos. Dessa forma, tanto as questões operacionais podem ser realizadas por um terceiro (como o banco de dados dos funcionários da empresa e pagamentos) como as questões gerenciais, por exemplo a contratação de um especialista em Treinamento e Desenvolvimento, que possa auxiliar os outros gestores a desenvolver suas equipes conforme a demanda interna.

Subsistemas da gestão de pessoas

Para melhor entender quais são as principais atividades que a área de gestão de pessoas pode realizar em uma organização, você precisa entender quais são os principais objetivos da área. Basicamente, são seis os subsistemas relacionados aos aspectos administrativos da gestão de pessoas. Para ilustrá-los, será utilizado o modelo de FRANÇA (2008):

- Contratação → Recrutamento.
- Manutenção → Seleção.
- Preparação → Treinamento e desenvolvimento.
- Reconhecimento → Salários e remuneração.
- Uniformização → Carreira e competências.
- Proteção → Avaliação de desempenho; saúde e segurança; qualidade de vida no trabalho; comunicação interna e endomarketing.

Gestão de pessoas como parceiro estratégico

Conforme mencionado na linha cronológica dos principais acontecimentos da gestão de pessoas, a partir de meados de 1985, houve a introdução dos primeiros programas de planejamento estratégico nas empresas. Isso fez todas as áreas se voltarem para um objetivo único, correspondente à missão e à visão de cada empresa, sendo essas determinadas na elaboração do planejamento estratégico.

Contudo, para que todos os objetivos fossem alcançados, conforme se estipula em um planejamento estratégico, seria irracional não envolver as pessoas nesse processo. Porém, como fazer isso de uma maneira humana e ao mesmo tempo eficaz? A partir desse questionamento, os administradores começaram a construir um novo perfil da área de gestão de pessoas.

O modo como as empresas gerenciam seus funcionários passou a ser considerado um elemento de vantagem competitiva e ajudar a organização a crescer. Mais do que nunca, a gestão de pessoas passou a ser vista como um parceiro estratégico do negócio. Planejar como as pessoas serão recrutadas e selecionadas de forma assertiva é essencial, bem como elaborar e acompanhar um treinamento para os iniciantes e desenvolver as pessoas que estão há mais tempo em uma empresa são fatores determinantes para o sucesso empresarial, não somente em termos de lucro, mas de referências em boas práticas na sua gestão.

A Figura 2 elucida o entendimento da gestão de pessoas como uma relação direta entre processos e pessoas, com foco no cotidiano (operacional) e no futuro (estratégico).

```
                        FUTURO /
                    ESTRATÉGICO FOCO

            Administração de        Administração da
            estratégias de          transformação e
            recursos humanos        mudança

PROCESSOS  ─────────────────────┼─────────────────────  PESSOAL

            Administração da        Administração da
            infraestrutura da       contribuição dos
            empresa                 funcionários

                        COTIDIANO /
                    OPERACIONAL FOCO
```

Figura 2. Papéis de RH na construção de uma organização competitiva.
Fonte: Ulrich (1998, p. 40).

Observando a Figura 2, você pode interpretar que uma organização pode ter atividades focadas em processos e de maneira operacional, porém, para planejar seu futuro de uma maneira estratégica, o foco está nas pessoas, pois elas são as agentes de mudanças para os objetivos serem alcançados. Em complemento ao demonstrado na Figura 2, você deve saber que quando as pessoas atuam em seu cotidiano, elas estão simplesmente **contribuindo**, mas não auxiliando nas mudanças; por outro lado, os processos vistos de forma estratégica, colaboram para que a gestão de pessoas seja entendida cada vez mais como **estratégica**.

Outro ponto a destacar é que as pessoas não estão somente sendo selecionadas para executarem seu trabalho de maneira objetiva e previsível, mas sim na sua capacidade de entrega. Portanto, uma das tendências na área é a chamada gestão por competências, que preconiza uma mudança em todos os subsistemas da gestão de pessoas, pois não entende as pessoas como meras "ocupadoras" de cargos, mas sim participantes do negócio de maneira a contribuir a partir de seus conhecimentos, atitudes e ações.

Sejam quais forem as atividades a serem realizadas pela gestão de pessoas em uma empresa, um dos pontos mais relevantes a destacar é que os gestores devem estar atentos as suas equipes. Por vezes, a empresa planeja a implementação de programas mais modernos, inspirados na gestão por competências, por exemplo, porém os funcionários podem não estar preparados para tal mudança. É importante conhecer os elementos que compõe a cultura organizacional da empresa e os perfis dos profissionais que nela atuam. Se a decisão for pela mudança, é necessário preparar as pessoas para receberem as novidades de maneiras positiva, pois do contrário, programas e ideias que poderiam trazer benefícios à empresa, podem ter resultados completamente opostos ao que se esperava.

Referências

LIMONGI-FRANÇA, A. C. *Práticas de Recursos Humanos – PRH:* conceitos, ferramentas e procedimentos. 1. ed., 2. reimp. São Paulo: Atlas, 2008.

MILDEBERGER, D. A evolução da área de Recursos Humanos frente ao ambiente de mudanças organizacionais. *Administradores*, João Pessoa (PB), 23 mar. 2011. Disponível em: <http://www.administradores.com.br/artigos/economia-e-financas/a-evolucao-da-area-de-recursos-humanos-frente-ao-ambiente-de-mudancas-organizacionais/53514/>. Acesso em: 11 jan. 2018.

PERLA, P. Por que Gestão de Pessoas e não Recursos Humanos? *Administradores*, João Pessoa (PB), 16 maio 2006. Disponível em: <http://www.administradores.com.br/artigos/ carreira/por-que-gestao-de-pessoas-e-nao-recursos-humanos/12227/ >. Acesso em: 11 jan. 2018.

ULRICH, D. *Os Campeões de Recursos Humanos:* inovando para obter os melhores resultados. São Paulo: Futura, 1998.

Leitura recomendada

BOTTONI, F. Sua empresa está madura para processos inovadores de RH? *Exame Carreira*, São Paulo (SP), 19 nov. 2013. Disponível em: <https://exame.abril.com.br/carreira/sua-empresa-e-madura/>. Acesso em: 11 jan. 2018.

Gestão estratégica de pessoas

Objetivos de aprendizagem

Ao final deste texto, você deve apresentar os seguintes aprendizados:

- Reconhecer a necessidade de a gestão de pessoas estar alinhada à estratégia da organização como fator propulsor de mudanças.
- Identificar a importância da gestão de pessoas para o desenvolvimento competitivo e sustentável das organizações.
- Alinhar o modelo de gestão adotada para o alcance dos objetivos organizacionais.

Introdução

Devido à mudança de mentalidade sobre a importância das pessoas para o alcance dos resultados organizacionais, a abordagem estratégica está se tornando cada vez mais popular. O objetivo da gestão estratégica de pessoas é fornecer uma direção futura, organizar e gerir pessoas em uma organização em termos de planejamento sistemático da gestão de pessoas alinhando-a com a estratégia da empresa. A integração entre a gestão de pessoas e a estratégia de negócios é um processo complexo, dinâmico e interativo, condicionado às relações e aos recursos dos distintos *stakeholders*.

Neste capítulo, você entenderá a importância de alinhar as estratégias de gestão de pessoas às estratégias organizacionais; qual a sua definição, papel, desafios, características, objetivos e escopo; seu contexto de emergência; como conquistar competitividade e sustentabilidade via gestão estratégica de pessoas; as possibilidades e os desafios do gerenciamento estratégico de pessoas; a importância de integrar as estratégias de gestão de pessoas aos objetivos organizacionais; e os modelos de planejamento de gestão estratégica de pessoas.

Gestão de pessoas e a estratégia da organização

A contemporaneidade tem sido caracterizada pela globalização, era informacional e trabalho cognitivo, um quadro que tem ressaltado a crescente importância das pessoas para o sucesso organizacional. Ser flexível, responder rápido às mudanças de mercado e conquistar o comprometimento dos seus profissionais parece ser um imperativo nos tempos atuais. É nesse contexto que uma gestão de pessoas mais estratégica desponta como relevante. O fator humano precisa ser gerido de forma eficaz e eficiente para conferir flexibilidade, agilidade e comprometimento organizacional, por isso, gerenciar as pessoas considerando esses aspectos cai no domínio da gestão estratégica de pessoas.

O conceito de gestão estratégica de pessoas foi formulado pela primeira vez por Fombrun, Tichy e Devanna (1984), sob a denominação de gestão estratégica de recursos humanos (RH). Esses autores mencionaram que três elementos principais são necessários para que a empresa funcione de forma eficaz: missão e estratégia, cultura organizacional e gerenciamento de RH. Para eles, a estratégia é um processo por meio do qual a missão e os objetivos básicos da organização são definidos, em que a empresa utiliza seus recursos para alcançar seus objetivos. A conclusão mais importante desses autores foi de que os sistemas de RH e a estrutura organizacional deveriam ser gerenciados de forma a ser congruente com a estratégia da organização (MALIK, 2009). Percebe-se diante do exposto que a gestão estratégica de pessoas está alicerçada no conceito de estratégia organizacional.

Estratégia organizacional e gestão estratégica de pessoas

Albuquerque (2002, p. 38) define estratégia como sendo "a formulação da missão e dos objetivos da organização, bem como políticas e planos de ação para alcançá-los, considerando os impactos das forças do ambiente e a competição". Trata-se de um conjunto integrado e sincronizado de compromissos e ações destinadas a tirar proveito das competências essenciais da organização. A estratégia também ajuda uma organização a obter uma vantagem competitiva. Nesse sentido, as estratégias são definidas antes da definição e implantação de ações.

Já o significado de estratégico precisa ser efetivamente considerado quando for feita a aplicação da palavra. Seu uso indiscriminado, com o intuito muitas vezes de impressionar, contribuiu para que o termo fosse banalizado. Ao problematizar essas questões, Boxall e Purcell (2003) sinalizam que a palavra deve ser usada quando o interesse for de descrever algo que é crítico para a sobrevivência da empresa.

Alguns desafios precisam ser superados quando a organização assume que tem a intenção e o propósito de trabalhar com gestão de pessoas, efetivamente estratégica. Legge (2005) ressalta que a integração entre a gestão de pessoas e a estratégia de negócios é um processo complexo, dinâmico e interativo, condicionado às relações e aos recursos dos distintos *stakeholders*. Para tanto, a gestão de pessoas, como promotora de mudanças organizacionais, precisa estruturar um planejamento, construir relações de confiança e executar planos de ação em parceria com gestores de outras áreas da empresa (gestores de linha).

Considerando que a estratégia do negócio engloba um conjunto de estratégias dos diferentes silos funcionais (marketing, operações, finanças e gestão de pessoas), a integração entre elas torna-se fundamental para que os objetivos traçados sejam efetivamente alcançados. Assim como ocorre com o planejamento estratégico, o planejamento estratégico de gestão de pessoas também traduz estratégias em ações cotidianas. Nesse sentido, para atender aos objetivos e às metas expressos no planejamento, uma das primeiras providências a ser tomada trata-se da (re)definição das competências essenciais da organização com o intuito de sustentar e integrar as competências funcionais e, consequentemente, as competências individuais (ULRICH, 1998).

A formulação da missão e dos objetivos organizacionais, assim como a definição de políticas e planos de ação para atingi-los, tendo em vista as forças e os impactos do ambiente e do contexto organizacional, deve considerar:

a) as mudanças (falar de estratégia é, de certa maneira, se referir às mudanças);
b) o poder (os tipos de poder e a relação entre eles, as influências e os efeitos dos distintos níveis de poder, as relações sociais, as disputas, as negociações e os conflitos);
c) a gestão de pessoas com todos os seus subsistemas (recrutamento, seleção, desenvolvimento, avaliação, retenção etc.), que precisarão estar alinhados às políticas estratégicas da organização;
d) a cultura organizacional, os estilos de liderança ou de gestão, o estabelecimento das competências essenciais e as alternativas eleitas para desenvolvê-las, incluindo os processos de aprendizagem.

Todos esses elementos precisam ser pautados por valores éticos de maneira a sustentar relações de confiança e fidelidade com os *stakeholders* da organização (clientes, funcionários, acionistas etc.). Adicionalmente, o planejamento estratégico de gestão de pessoas, como parte integrante do planejamento estratégico organizacional (BERGUE, 2005), precisa ir além de um discurso ou uma intenção escrita e ser efetivamente praticado. Ele "deve transcender o enunciado de intenções, e avançar para a efetiva ação orientada para a consecução dos correspondentes objetivos, de tal forma que restem legitimadas as diretrizes balizadoras do planejamento estratégico afeto à gestão de pessoas" (idem, p. 281).

Dada a complexidade e o número de variáveis envolvidas na elaboração do planejamento estratégico, não é difícil depreender que os profissionais da área de gestão de pessoas e os gestores de linha precisam desenvolver um olhar mais perspicaz, buscando estruturar uma gestão estratégica que contemple a organização e o mercado que a circunda. Essa seria uma forma de ultrapassar o modelo departamental e limitado (que não entende a organização como parte de um sistema altamente complexo) e abrir espaço para uma efetiva gestão estratégica de pessoas.

Gestão estratégica de pessoas: definição, papel, desafios, características, objetivos e escopo

A gestão estratégica de pessoas pode ser definida como o alinhamento da gestão de pessoas com a estratégia de negócios da organização (WALKER, 1992), independentemente do porte e ramo de atuação. Nesse sentido, seu papel está em alinhar políticas e práticas de gestão de pessoas com a estratégia do negócio (ULRICH, 1998; BOXALL e PURCELL, 2003), gerenciando de forma proativa e compreendendo que as pessoas são essenciais para o alcance de vantagem competitiva (LACOMBE e CHU, 2008). Sendo assim, trata-se da "gestão que privilegia como objetivo fundamental, através de suas interações, a otimização dos resultados finais da empresa e da qualidade dos talentos que a compõem" (MARRAS, 2000, p. 253).

Os desafios da gestão de pessoas (tanto como área específica quanto via seus gestores de linha) não se restringem a recrutar, selecionar, desenvolver e reter funcionários valiosos que contribuam com seus talentos e suas competências (BOHLANDER; SNELL; SHERMAN, 2001), mas também em, de fato, atuar estrategicamente (ULRICH, 1998; BOXALL e PURCELL, 2003; INYANG, 2010), contemplando estratégia, estrutura, pessoas e processos em suas ações (DUTRA, 2001). Para que a organização alcance seus objetivos, a gestão de pessoas deve deixar de atuar de maneira operacional (ver Quadro

1), passando para um modelo mais orgânico (FISCHER, 1998; FISCHER, 2002; FISCHER e ALBUQUERQUE, 2001; LACOMBE e TONELLI, 2000).

Quadro 1. Características de gestão de pessoas tradicional e estratégica.

Variável	Gestão de pessoas tradicional	Gestão estratégica de pessoas
Responsabilidade da gestão de pessoas	Especialistas de *staff* (profissionais da área de gestão de pessoas)	Gestores de linha e especialistas de *staff* (profissionais da área de gestão de pessoas)
Foco	Relações entre empregados	Parcerias com clientes internos e externos
Papel da gestão de pessoas	Transacional, seguidor e respondente à mudança	Transformacional, líder e iniciador da mudança
Iniciativas	Lenta, reativa e fragmentada	Rápida, proativa e integrada
Horizonte de tempo	Curto prazo	Curto, médio e longo prazo (conforme necessário)
Controle	Burocrático — papéis, políticas, procedimentos	Orgânico — flexível, o que for necessário para ter sucesso
Design do trabalho	Divisão de trabalho rígida, independência, especialização	Amplo, flexível, treinamento cruzado, trabalho em equipe
Principais investimentos	Capital, produtos	Pessoas, conhecimento
Prestação de contas	Centro de custos	Centro de investimentos
Vinculação com a estratégia da organização	Responde aos objetivos estratégicos via definição de estratégias funcionais	Integrada com a estratégia corporativa e com as demais estratégias funcionais

Fonte: Adaptado de Mello (2011).

Neste cenário, a gestão de pessoas encontra espaço para demonstrar sua relevância na gestão e contestar as críticas que recaem sobre esse silo organizacional. A mudança de conduta dos seus especialistas de *staff* (profissionais da área de gestão de pessoas), que atuam de maneira mais proativa e em parceria com gestores de linha, deve ser no sentido de contribuir para a criação de valor. Ser reconhecida como área estratégica depende da articulação de suas atividades com vista a evidenciar os resultados financeiros em longo prazo produzidos por ela. Segundo Mello (2011), quando a empresa passa a ver a área de gestão de pessoas como centro de oportunidades e resultados (centro de investimentos) e não mais como centro de custos, há indícios de uma postura estratégica em relação à gestão de pessoas. Dessa forma, o foco deve ser no desenvolvimento de competências necessárias para dar respostas efetivas ao mercado, enfatizando os resultados almejados e não mais as atividades tradicionais.

Dito isso, com base no Quadro 1, pode-se inferir que as principais características da gestão estratégica de pessoas são:

a) considerar os impactos do ambiente organizacional externo e interno;
b) reconhecer o impacto da competição e da dinâmica do mercado de trabalho;
c) apresentar foco desde o curto até o longo prazo;
d) enfatizar a escolha e a tomada de decisões rápida, proativa e integrada;
e) considerar todas as pessoas da organização e não apenas os dirigentes, executivos, gestores e líderes ou, no outro extremo, os empregados operacionais;
f) estar integrada com a estratégia corporativa e com as demais estratégias funcionais.

Para garantir que a gestão estratégica de pessoas coloque em prática as características acima descritas, é necessário que os gestores da organização e os profissionais de gestão de pessoas conheçam as estratégias de comprometimento no gerenciamento das pessoas (Quadro 2). Em igual tempo, é relevante que todos compreendam as mudanças que ocorreram em decorrência da competitividade que se instalou no mundo dos negócios (esse ponto será discutido na próxima sessão).

Quadro 2. Estratégias no gerenciamento de pessoas.

Modelo, características distintas	Estratégia de controle	Estratégia de comprometimento
Estrutura organizacional	Altamente hierarquizada, separação de "quem pensa" e "quem faz"	Redução de níveis hierárquicos e de chefias intermediárias, junção de fazer e do pensar — **empowerment**
Organização do trabalho	Trabalho muito especializado, gerando monotonia e frustrações	Trabalho enriquecido, gerando desafios
Realização do trabalho	Individual	Em grupo
Sistema de controle	Ênfase em controles explícitos do trabalho	Ênfase em controle implícito pelo grupo
Política de emprego	Foco no cargo, emprego em curto prazo	Foco no encarreiramento flexível, emprego em longo prazo
Nível de educação e formulação requerido	Baixo, trabalho automatizado e especializado	Alto, trabalho enriquecido e intensivo em tecnologia
Relações empregador--empregado	Independência	Interdependência, confiança mútua
Relações com sindicatos	Confronto baseado na divergência de interesses	Diálogo, busca de convergência de interesses
Participação dos empregados nas decisões	Baixa, decisões tomadas de cima para baixo	Alta, decisões tomadas em grupo
Política de RH de contratação	Contrata para um cargo ou para um conjunto especializado de cargos	Contrata para uma carreira longa na empresa
Treinamento	Visa o aumento do desempenho na função atual	Visa preparar o empregado para futuras funções

(Continua)

(Continuação)

Quadro 2. Estratégias no gerenciamento de pessoas.

Modelo, características distintas	Estratégia de controle	Estratégia de comprometimento
Carreira	Carreiras rígidas e especializadas, de pequeno horizonte e amarradas na estrutura de cargos	Carreiras flexíveis, de longo alcance, com permeabilidade entre diferentes carreiras
Política salarial	Focada na estrutura de cargos, com alto grau de diferenciação salarial entre eles	Focada na posição da carreira e no desempenho, com baixa diferenciação entre níveis
Incentivos	Uso de incentivos individuais	Foco nos incentivos grupais vinculados aos resultados empresariais

Fonte: Adaptado de Walton (1985).

O **escopo** de uma gestão estratégica de pessoas, segundo Mello (2011), contempla o desenvolvimento de um consistente e alinhado conjunto de práticas, programas e políticas para facilitar a consecução dos objetivos estratégicos da organização; o abandono da mentalidade e das práticas de gestão de pessoal; o foco em questões estratégicas em vez de questões operacionais; e a integração de todos os programas de gestão de pessoas dentro de um quadro maior, facilitando a missão da organização e seus objetivos.

Sendo assim, a gestão estratégica de pessoas "tem como **objetivo** participar e assessorar na formação das macrodiretrizes da empresa, de modo a alterar o perfil dos resultados e, portanto, dos lucros da empresa, agregando valor através do capital humano existente na organização" (MARRAS, 2000, p. 254).

> **Fique atento**
>
> Dicas para formulação de estratégias de gestão estratégica de pessoas:
> - seja claro sobre o que deve ser alcançado e por quê;
> - certifique-se de que o que você propõe se encaixa na estratégia de negócios, na cultura e nas circunstâncias da organização;
> - cuide para promover melhoria contínua;
> - não siga a moda — faça o seu próprio caminho;
> - mantenha-o simples — o excesso de complexidade é uma razão comum para o fracasso;
> - não atropele, dê o tempo necessário para amadurecer as ideias;
> - avalie os requisitos e custos de recursos;
> - gerencie mudanças — envolva, comunique e treine.

Competitividade e sustentabilidade via gestão estratégica de pessoas

A nova economia mundial tem impulsionado as organizações a buscarem inovar constantemente. Segundo Ulrich (2000, p.39), "mais cedo ou mais tarde, as formas tradicionais de competitividade - custo, tecnologia, distribuição, produção e características de produtos - serão copiadas". Esse cenário pressiona as empresas a buscarem alternativas para se manterem competitivas no mercado, o qual pode ser conquistado e/ou garantido via capacidade organizacional de agregar valor e mantê-lo em longo prazo (FRAGOSO, 2009).

Hanashiro, Teixeira e Zaccarelli (2008, p. 9) entendem que a competitividade é refletida "na posição relativa de uma empresa perante seus concorrentes, devendo possuir fontes de vantagem competitiva que resultem em atratividade de clientes superior aos seus concorrentes". Porém, o que seria uma vantagem competitiva? Lacombe (2005, p. 359) a define como "uma vantagem sobre os concorrentes, oferecendo mais valor para os clientes por meio de algo que o mercado valorize e os concorrentes tenham dificuldade em imitar". Alcançar uma vantagem competitiva envolve desenvolver uma gestão estratégica, em geral, a partir de um plano estratégico. Este último terá uma série de estratégias, objetivos e metas estipuladas, as quais serão desdobradas em ações. Wright e Snell (1989) sugerem que, no mundo dos negócios, a gestão estratégica de pessoas lida com as atividades e ações desenvolvidas para suportar a estratégia competitiva da empresa.

Considerando as definições acima sobre vantagem competitiva, não é difícil perceber porque as pessoas passaram a ser consideradas fundamentais para a obtenção da vantagem competitiva. Copiar tecnologias, produtos, campanhas de marketing, processos de produção etc. pode demandar tempo e dinheiro, mas é possível de ser alcançado. Ter pessoas comprometidas com a organização, com conhecimento e experiência diferenciados requer ainda mais tempo e volumes ainda maiores de recursos e, muitas vezes, nem assim se consegue alcançar o comprometimento dos funcionários. "As habilidades, o conhecimento e as capacidades do funcionário são os recursos mais distintivos e renováveis nos quais uma empresa pode se basear; por isso, seu gerenciamento estratégico é mais importante do que nunca" (SNELL; BOHLANDER, 2013, p. 2).

Contexto de emergência da gestão estratégica de pessoas

A nova postura (estratégica) da gestão de pessoas foi assumida a partir dos anos de 1990 (FISHER, 1998), e o caso brasileiro é bastante particular, conforme diversos autores já destacaram em seus estudos (ALBUQUERQUE, 1987; DUTRA, 1993; FISHER, 1998). Embora o imperativo de a gestão de pessoas ser tratada como estratégica constar na literatura desde o início dos anos de 1980 — exemplos podem ser encontrados nos trabalhos de Barbosa (1981) e Bertero (1982), entre outros — sua implementação ocorreu com anos de atraso, devido, sobretudo, ao cenário macroeconômico, que não demonstrava a necessidade das mudanças recomendadas.

> Entretanto a década de 90 é marcada por profundas transformações no cenário econômico, afetando diretamente o padrão de competitividade das empresas brasileiras. O foco anterior das preocupações era muito mais como gerir a área financeira, dada a necessidade de convivência com as altas taxas de inflação e os inúmeros planos e choques econômicos, produzindo empresas inchadas, com pouco controle sobre custos, desperdícios e até mesmo sobre a eficiência da produção. Assim, nos primeiros anos da década de 1990, conforme observa Fisher (1998), as estratégias adotadas pelas empresas para enfrentar os novos cenários eram tipicamente reativo-defensivas, concentradas no enxugamento e redução de custos (LACOMBE; TONELLI, 2001, p. 163).

Pesquisas realizadas nos anos de 1980 apontavam um cenário de gestão estratégica de pessoas bastante incipiente - exemplos podem ser encontrados em Dutra (1987) e Albuquerque (1987). Nos anos de 1990, a situação ainda não havia avançado. Investigações conduzidas por Venosa e Abbud (1995) e por Curado, Wood e Lins (1995) indicavam que as práticas de gestão de pessoas das organizações brasileiras eram endereçadas a questões trabalhistas e operacionais, apresentando políticas e práticas com baixo grau de sofisticação, pouca diversidade, não devidamente sistematizadas ou bem formuladas. Sendo que algumas dessas práticas apenas começavam a ser percebidas em cerca de 35% das empresas investigadas por Curado, Wood e Lins (1995). Os resultados da pesquisa conduzida por esses autores apontavam que ainda não era possível falar em uma gestão estratégica de pessoas atuante, proativa e envolvida em todo o processo de planejamento estratégico organizacional, visto que a atuação da área estava restrita às etapas de provimento de informações e execução.

Somente a partir de 1995 é que as empresas brasileiras passaram a adotar uma nova postura em gestão de pessoas, pois, naquele momento, elas davam sinais de que começavam a compreender a importância do cliente diante de cenários cada vez mais competitivos. Os programas e as técnicas que começavam a ser adotados pelas empresas (planejamento estratégico; trabalho em equipe; gestão da qualidade total; compra de equipamentos automáticos, cada vez mais sofisticados e com alto valor; planejamento das necessidades de materiais; diminuição do *lead time*; entre outros) exigiam engajamento e participação ativa de pessoas para que pudessem ter sucesso. Foi esse quadro que forçou as organizações a adotarem novas perspectivas de gestão de pessoas, sendo a abordagem estratégica uma das mais difundidas.

Possibilidades e desafios do gerenciamento estratégico de pessoas

A partir de então, a literatura de gestão estratégica de pessoas tem sido fundamental para deslocar a atenção para questões relacionadas ao gerenciamento de pessoas em uma determinada empresa. Uma mudança importante de percepção entre os modelos tradicionais de gestão de pessoas e a abordagem estratégica trata-se da visão sobre as pessoas (descritos no Quadro 1). Na gestão estratégica de pessoas, elas não são tratadas como "meros RH", e sim consideradas "estratégicas", fundamentais para planejar e implementar as estratégias de negócio e obter a "vantagem competitiva" da empresa.

Somente na abordagem estratégica as capacidades e o esforço humano estão relacionados à estratégia geral da empresa de maneira mais efetiva, e a obtenção de "vantagem competitiva" passa a ser percebida como conquistada via seus profissionais. Atualmente, as pessoas são vistas como os talentos disponíveis e potenciais contribuintes para a criação e realização da missão, visão, propósito, estratégia e objetivos da organização (SCHULER; JACKSON, 2000).

Essa abordagem de gestão de pessoas possibilita como principais resultados melhorias no desempenho, satisfação dos seus profissionais e dos clientes e melhorias em termos de valor para o acionista. Tais resultados só podem ser alcançados por meio de gerenciamento efetivo de pessoas, retenção e controle de *turnover* pela seleção de funcionários que estejam alinhados tanto à estratégia como à cultura organizacional; investimento em capital humano identificado com potencial de retenção elevada; programas e políticas de gestão de pessoas integradas que resultam claramente da estratégia corporativa; facilitação da mudança e adaptação por intermédio de uma organização flexível e mais dinâmica; e foco mais próximo nas necessidades dos clientes, dos mercados-chave e emergentes e, também, na qualidade.

Sendo assim, nos últimos anos, o trabalho de gestão estratégica de pessoas tem sido valorizado em função da sua contribuição para as organizações em termos de sustentabilidade e alcance de uma vantagem competitiva. Considerando que um componente fundamental da organização são as pessoas, a gestão estratégica de pessoas está se tornando cada vez mais reconhecida como crítica para desenvolver e implementar respostas rápidas, adequadas e embasadas em uma visão mais ampla, atendendo às pressões de sustentabilidade e competitividade (LAM; SCHAUBROECK, 1998; MURPHY; ZANDVAKILI, 2000). Como resultado, muita atenção tem sido dada à abordagem estratégica nos últimos anos, devido, conforme destacam Dutra, Fischer e Amorim (2009), a sua busca por:

a) contribuir para desenvolver os profissionais e a empresa;
b) construir e manter vantagens competitivas sustentáveis pela organização;
c) possibilitar mudanças organizacionais;
d) promover as condições necessárias para dar respostas rápidas aos desafios do negócio;
e) descentralizar a função de gestão de pessoas via delegação e compartilhamento de responsabilidades, o que pode contribuir não só para empoderar os gestores, mas também possibilita agilizar a tomada de decisão.

No entanto, é preciso alertar que esse capital humano, intangível, não pode ser gerido do mesmo modo com que as organizações gerenciam outros ativos. Há a necessidade de se encontrar maneiras de considerar a subjetividade do trabalhador, os seus interesses e suas necessidades. "Para construir o capital humano nas organizações, os gestores devem permanentemente desenvolver conhecimento superior, as habilidades e a experiência de sua força de trabalho, manter e promover funcionários com o melhor desempenho" (BOHLANDER; SNELL, 2015, p. 5). Os autores acrescentam que, além do imperativo de investir no desenvolvimento de seus profissionais, as organizações precisam encontrar alternativas de melhor utilizar o conhecimento e a capacidade de seus funcionários. Não são raras as situações em que trabalhadores se queixam de terem suas habilidades sub (ou super) utilizadas. Sendo assim, "garantir que as pessoas sejam (...) fonte de vantagem competitiva" (LACOMBE; TONELLI, 2001, p. 161) passa a ser responsabilidade da gestão estratégica de pessoas.

Pesquisas realizadas por organizações profissionais, como a *Society for Human Resource Management* (Sociedade para a Gestão de Recursos Humanos) e a *Human Resource Planning Society* (Sociedade de Planejamento de Recursos Humanos), apontam questões desafiadoras para as organizações. Por um lado, as empresas precisam enfrentar, atualmente ou nos próximos anos, mudanças no mercado e na economia, globalização, avanços tecnológicos, contenção de custos, políticas de diversidade etc., o que tem exigido outra forma de gerir os funcionários. Por outro lado, as preocupações com os funcionários também têm pressionado a área de gestão de pessoas a encontrar alternativas mais orgânicas de gerir seus profissionais.

Os temas variam e incluem segurança no trabalho, questões de saúde, longevidade e questões relacionadas às diferenças de gerações, discussões sobre elevação do tempo de aposentadoria, relações de gênero, níveis de educação, legislação, questões relativas à privacidade, relação trabalho-família, entre outros (BOHLANDER; SNELL, 2015, p. 6). Esses desafios competitivos colocam a gestão de pessoas no cerne da gestão estratégica.

No intuito de alcançar o patamar de excelência, Ulrich (2000, p. 39) propõe às organizações quatro maneiras pelas quais a gestão de pessoas pode contribuir com o sucesso organizacional. Para gerar valor, os profissionais de gestão de pessoas precisam qualificar seu trabalho, conforme é apresentado no Quadro 3, focando nos resultados tangíveis de suas ações, em vez de serem meros executores de tarefas.

Quadro 3. Gestão de pessoas no alcance da excelência organizacional.

Mudanças	Maneiras de a gestão de pessoas alcançar a excelência organizacional
Tornar-se um parceiro na execução da estratégia com gestores de linha e alta gestão na sua execução	Definir a estrutura e arquitetura organizacional (processos de trabalho, competências, recompensas, gestão e liderança) adequadas para a execução da estratégia. Orientar a gerência sobre a necessidade de adequações. Ser responsável pela realização de uma auditoria organizacional. Fazer balanço do próprio trabalho e definir prioridades claras.
Tornar-se um especialista administrativo na melhor maneira de organizar o trabalho	Realizar os processos rotineiros referentes à área de forma mais rápida, barata e eficiente. Entregar eficiência administrativa para garantir que os custos sejam reduzidos enquanto a qualidade é mantida ou elevada.
Tornar-se um campeão para os funcionários	Tornar-se representante dos funcionários perante a alta gestão, defendendo seus interesses. Trabalhar para incrementar as contribuições dos trabalhadores. Oferecer crescimento pessoal e profissional e os recursos necessários para que executem o seu trabalho.
Tornar-se um agente de mudança/ transformação contínua ao moldar processos e cultura organizacional	Contribuir para que a empresa desenvolva a capacidade de adaptação às diferentes condições de mercado, reduzindo o tempo de ciclo de inovação. Fazer os funcionários perceberem o seu papel na estratégia da empresa de maneira a se comprometerem com a busca dos objetivos organizacionais.

Fonte: Adaptado de Ulrich (2000).

Essas alterações nas funções de gestão de pessoas demonstram que os resultados organizacionais obtidos devido às pessoas só são alcançados com o trabalho integrado da área de gestão de pessoas com os gerentes de todas as áreas da organização. Profissionais qualificados, proativos e engajados com a empresa, que respondam com agilidade, rapidez e competência às mudanças de mercado, são a chave para o alcance de vantagem competitiva.

Estratégias de gestão de pessoas integradas aos objetivos organizacionais

A maior parte da literatura que se concentra no conteúdo da estratégia o faz embasado na compreensão do contexto externo (p. ex., as estratégias genéricas de Porter), mas muitos são os estrategistas que não consideram questões internas de contexto, estrutura organizacional, pessoas e processos. Um dos principais problemas com as estratégias genéricas de Porter (1992; 1996; 1997; 2000) é que as recomendações não abordam adequadamente como essas estratégias devem ser implementadas tendo em vista determinadas variáveis e procedimentos organizacionais (p. ex., cultura organizacional, quadro de pessoal, políticas e práticas de gestão de pessoas e estrutura organizacional).

É cada vez mais reconhecido que um conhecimento detalhado do que deve ser feito não é suficiente para o sucesso estratégico e, a menos que os estrategistas considerem a importância de definir como as ações devem ser realizadas (isto é, quais são as pessoas mais apropriadas, em que momento, com quais recursos etc.), podem surgir dificuldades quando já for muito tarde. Assim, muitos são os que acusam o planejamento estratégico de falho, quando, na verdade, o que contribui para a sua falibilidade são os planejadores estratégicos, os quais promovem zelosamente estratégias irrealistas que desconsideram a plausibilidade e a possibilidade de realização das metas, ignorando o ambiente interno e/ou externo, como comumente já é feito (KIECHEL, 1984).

A probabilidade de implementação bem sucedida da maioria dos planos estratégicos é muito reduzida quando as iniciativas estratégicas - para crescimento, fusões ou serviço ao cliente - não consideram adequadamente se as práticas de gestão de pessoas (como desenvolver, avaliar, recompensar, organizar e se comunicar com os funcionários) são consistentes com os objetivos da organização ou com a sua capacidade futura para cumprir esses objetivos, conforme observado nas previsões de oferta e demanda de RH.

O planejamento é crítico para a estratégia, porque identifica lacunas nas capacidades que impedirão o sucesso da implementação, excedentes em capacidades que sugerem oportunidades para melhorar eficiências e capacidade de resposta, e má utilização de recursos devido às práticas inadequadas de gestão de pessoas. Portanto, não é surpreendente que a ligação de planejamento estratégico de gestão de pessoas à estratégia organizacional tornou-se um tópico popular entre os membros da profissão de RH, que buscaram melhores maneiras de alinhar objetivos e práticas com o desenho, o desenvolvimento e a implementação de objetivos e iniciativas estratégicas organizacionais (LAM; SCHAUBROECK, 1998).

O plano estratégico é resultado de uma tomada de decisão baseada em informações levantadas via diagnóstico. A partir da missão e visão, ou propósito organizacional, a empresa tende a definir objetivos organizacionais. Para isso, é preciso avaliar as características do ambiente externo (quais as oportunidades e ameaças existentes no ambiente) e realizar uma análise organizacional interna (quais as forças e fraquezas existentes na organização). Ao considerar essas informações, a organização define suas estratégias organizacionais e elabora um plano de ação para implementá-las (o que ela deve fazer para atingir os objetivos estipulados, quais são os desdobrados em metas e os indicadores). Esse processo é bastante dinâmico e, na prática, muitas vezes, as fases não são separadas, mas, sim, sobrepostas, inclusive com ordenamentos distintos em diferentes organizações.

Tendo ciência de que todo esse processo requer investimento alto de recursos, tanto no planejamento como na implantação (principalmente em relação à adaptação e às mudanças) e no seu acompanhamento (incluindo avaliação dos resultados e providência de ajustes necessários), alguns pontos precisam ser considerados, como você pode ver a seguir.

- A organização tem consciência dos custos incorridos na captação, seleção e contratação de profissionais inadequados à estrutura e à cultura de uma empresa? Há profissionais suficientes e com competências adequadas às necessidades do negócio?
- Como a empresa vem remunerando seus profissionais e quais os benefícios que ela oferece? Os valores são compatíveis com o mercado ou há chances de perder bons profissionais para a concorrência?
- Qual é o retorno sobre investimento (ROI) dos aportes feitos em treinamento e desenvolvimento de pessoas?

- Como a organização tem avaliado e recompensado os desempenhos superiores? Há um plano de carreira atrativo com definições claras de progressão?
- Qual tem sido o envolvimento da área de gestão de pessoas na produtividade, competitividade, sustentabilidade, qualidade e rentabilidade do negócio?

Essas questões devem ser abordadas (avaliadas, discutidas e resolvidas) para alinhar a gestão de pessoas à estratégia organizacional, visto que o alinhamento é o aspecto fundamental na abordagem estratégica (ALBUQUERQUE; LEITE, 2010, DUTRA; FISCHER; AMORIM, 2010).

O alinhamento entre a gestão de pessoas e a estratégia de negócios afeta o desempenho da empresa, por isso, ele deve ser considerado não apenas no discurso (ou escrito em planos de gestão de pessoas), mas também na prática da organização como um todo. A falta de alinhamento resulta em processos de recrutamento e seleção de pessoas com profissionais inadequados ao contexto, à cultura ou ao negócio; investimento custoso, inadequado e mal aproveitado em treinamento e desenvolvimento de pessoas; desempenhos não condizentes às expectativas, gerando conflitos e frustrações; dificuldades na motivação e retenção de profissionais; decisões falhas nas táticas de remuneração; entre outros (LIMA; TEIXEIRA, 2000).

Fique atento

O cenário de falta de alinhamento entre gestão e estratégia indica que os especialistas de *staff* (profissionais da área de gestão de pessoas) precisam ter conhecimentos sobre uma série de fatores para que possam desempenhar bem o seu papel de parceiro estratégico e prestador de serviços internos da organização. De fato, esses saberes são necessários para qualquer profissional da empresa que queira contribuir com a sua competitividade e sustentabilidade, assim como a oferta de qualidade aos clientes e o alcance dos objetivos organizacionais. O escopo de conhecimentos engloba sistema de atividades e negócio da empresa; processos organizacionais; estratégias corporativas, incluindo sua origem e expectativas; critérios e indicadores de desempenho; relação das estratégias organizacionais com os processos operacionais que irão requerer eficiências especiais em determinados setores (profissionais difíceis no mercado, qualificação em longo prazo ou remuneração diferenciada); e diferenças fundamentais competitivas definidas pela empresa como vantagem em relação ao concorrente (NAKAYAMA, 2001; NAKAYAMA; SILVEIRA, 2004).

Contudo, de que maneira é possível alinhar os objetivos e estratégias de gestão de pessoas aos objetivos e estratégias organizacionais? Isso pode ser realizado por meio do planejamento estratégico de gestão de pessoas, que deve estar integrado ao planejamento estratégico da organização. Planejamento estratégico de gestão de pessoas, estratégias de gestão de pessoas e gestão estratégica de pessoas costumam ser confundidos com uma certa frequência, mas uma distinção pode ser feita entre esses termos.

Estratégias de gestão de pessoas e gestão estratégica de pessoas

A gestão estratégica de pessoas pode ser considerada como uma abordagem geral sustentada por uma filosofia para gerir os profissionais de uma organização, de acordo com as intenções sobre a direção futura que esta deseja tomar. O que emerge desse processo é um fluxo de decisões tomadas ao longo do planejamento organizacional, a fim de gerenciar seus RH e definir as áreas em que estratégias de gestão de pessoas específicas precisam ser desenvolvidas. As estratégias de gestão de pessoas incidirão nas intenções da empresa sobre o que precisa ser feito e o que precisa ser alterado.

O objetivo das estratégias de gestão de pessoas é orientar programas de desenvolvimento e implementação do plano de gestão estratégica de pessoas. Elas fornecem um meio de comunicar a todos os interessados as intenções da organização sobre como seus RH serão gerenciados e permitem medir o progresso e avaliar os resultados em relação aos objetivos traçados. As estratégias de gestão de pessoas fornecem visões para o futuro e são veículos que definem as ações necessárias, como essas visões devem ser realizadas, visto que a excelência de uma estratégia não está na sua formulação, mas, sim, na sua execução (GRATTON, 2000).

As estratégias de gestão de pessoas estabelecem o que a organização pretende fazer sobre os diferentes aspectos de suas políticas e práticas de gerenciamento de RH. Elas devem ser integradas à estratégia de negócios, conforme você pode ver na Figura 1, desenhada com base no trabalho de Lima e Teixeira (2000).

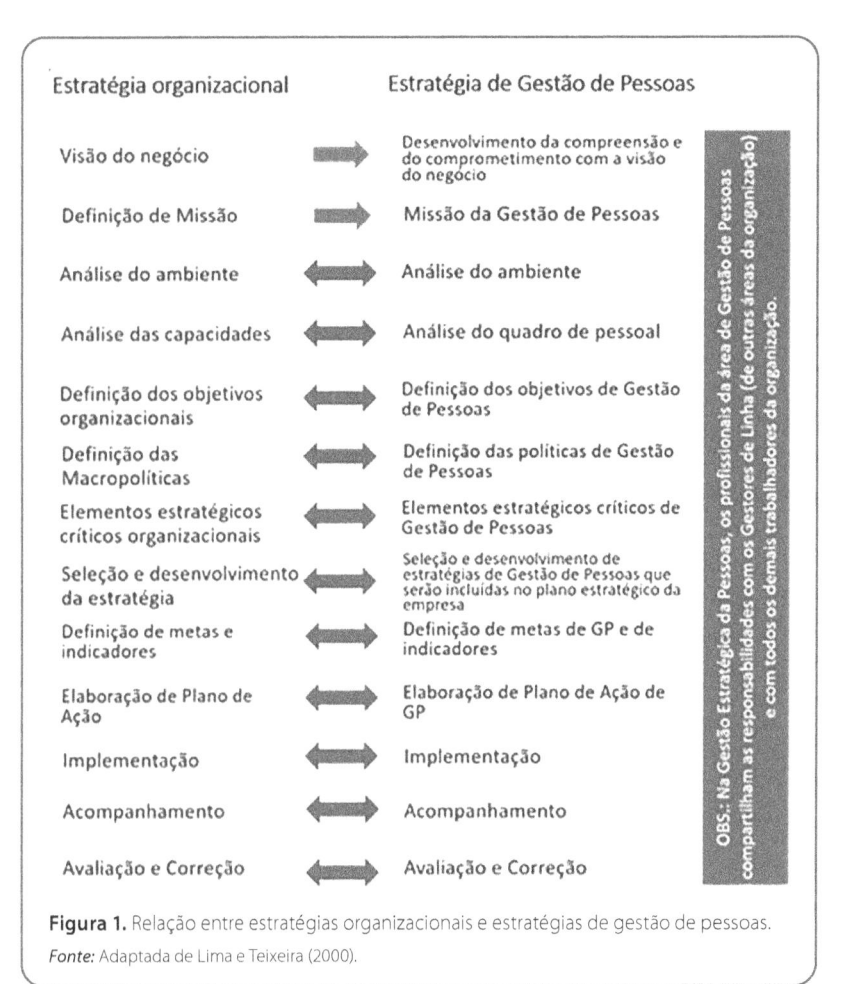

Estratégia organizacional		Estratégia de Gestão de Pessoas	
Visão do negócio	→	Desenvolvimento da compreensão e do comprometimento com a visão do negócio	
Definição de Missão	→	Missão da Gestão de Pessoas	
Análise do ambiente	⇄	Análise do ambiente	
Análise das capacidades	⇄	Análise do quadro de pessoal	
Definição dos objetivos organizacionais	⇄	Definição dos objetivos de Gestão de Pessoas	
Definição das Macropolíticas	⇄	Definição das políticas de Gestão de Pessoas	
Elementos estratégicos críticos organizacionais	⇄	Elementos estratégicos críticos de Gestão de Pessoas	
Seleção e desenvolvimento da estratégia	⇄	Seleção e desenvolvimento de estratégias de Gestão de Pessoas que serão incluídas no plano estratégico da empresa	
Definição de metas e indicadores	⇄	Definição de metas de GP e de indicadores	
Elaboração de Plano de Ação	⇄	Elaboração de Plano de Ação de GP	
Implementação	⇄	Implementação	
Acompanhamento	⇄	Acompanhamento	
Avaliação e Correção	⇄	Avaliação e Correção	

OBS.: Na Gestão Estratégica da Pessoas, os profissionais da área de Gestão de Pessoas compartilham as responsabilidades com os Gestores de Linha (de outras áreas da organização) e com todos os demais trabalhadores da organização.

Figura 1. Relação entre estratégias organizacionais e estratégias de gestão de pessoas.
Fonte: Adaptada de Lima e Teixeira (2000).

Uma estratégia de gestão de pessoas ou qualquer outro tipo de estratégia de gerenciamento deve considerar a correspondência a dois elementos principais: objetivos estratégicos SMART, que devem ser específicos, mensuráveis, atingíveis, realistas e definidos no tempo; e plano de ação, ou seja, os meios pelos quais se propõe que os objetivos sejam atingidos. A Figura 1 dá margem para que se possa depreender que o planejamento estratégico da gestão de pessoas deve ser corretamente integrado ao planejamento estratégico organizacional (TANURE; EVANS, 2006). As estratégias de gestão de pessoas precisam estar alinhadas e integradas às estratégias organizacionais, caso contrário, os objetivos da organização tendem a não ser contemplados.

Conforme explicitado anteriormente, a visão mais tradicional de estratégia a define como uma resposta da organização ao ambiente que a circunda. Tomar essa acepção como base, leva a gerência a reformular e adequar a estratégia de acordo com as mudanças no ambiente externo, quando, na verdade, esse movimento pode ser inadequado ou pouco frutífero caso não seja analisado se a organização apresenta restrições/capacidades para proceder tais reajustes. Portanto, é necessário considerar que o movimento que a organização faz em direção à mudança impactará nos indivíduos, grupos, estruturas e performance. Sendo assim, é fundamental que antes se conheça a realidade de seu quadro de pessoal e de que maneira esses profissionais podem contribuir para esse redirecionamento.

Esses elementos são essenciais para que o alinhamento entre o desempenho dos processos de gestão de pessoas e os processos, sistemas e objetivos organizacionais seja concretizado, pois só assim será possível avaliar se os resultados organizacionais esperados estão sendo atingidos. Além disso, é importante saber diferenciar os níveis de um plano estratégico de gestão de pessoas e a sua relação com os subsistemas ou as funções da área (veja Quadro 4). Essa diferenciação facilita a compreensão das ações e dos processos de gestão de pessoas que precisam ser realizadas e permite o alinhamento entre os diferentes níveis dos planos estratégicos (da organização e da gestão de pessoas).

Quadro 4. Níveis estratégico, tático e operacional de gestão de pessoas.

Níveis	Seleção	Avaliação	Compensação	Desenvolvimento
Estratégico	■ definir as características do pessoal da empresa em longo prazo ■ adequar os sistemas interno e externo às previsões sobre o futuro da empresa	■ definir os aspectos a serem avaliados em longo prazo ■ eleger os meios para avaliar dimensões futuras ■ identificar talentos em potencial	■ prever remuneração no futuro (no mercado regional, nacional e mundial) ■ vincular esses diagnósticos de remuneração às estratégias de longo prazo da empresa	■ planejar meios para formar pessoal que conduzirá a empresa no futuro ■ fixar métodos flexíveis, ajustáveis às mudanças de circunstâncias ■ formular planos de carreira
Tático	■ validar os critérios de seleção ■ formular plano de recrutamento de pessoal no mercado ■ buscar novos mercados para recrutamento do pessoal	■ elaborar sistemas para adequar o atual potencial de pessoas às futuras necessidades ■ desenvolver um centro de assessoria para treinamento	■ formular planos individuais de compensação em médio prazo ■ idealizar planos de benefícios complementares	■ organizar programas de formação gerencial ■ executar atividades de desenvolvimento organizacional ■ estimular o autodesenvolvimento profissional
Operacional	■ planejar as necessidades das pessoas ■ aplicar planos de recrutamento	■ conduzir sistemas de avaliação anual ■ aplicar sistemas de controle diário	■ administrar salários e saldos ■ administrar planos de benefícios	■ executar planos de desenvolvimento de competências ■ promover treinamento

Fonte: Adaptado de Marras (2000).

Modelos de planejamento de gestão estratégica de pessoas

Para alcançar todo o seu potencial de realizações, a organização precisa ter pessoas apropriadas (em termos de competências e alinhamento com a cultura e o contexto organizacional) e disponíveis em número adequado para desenvolver o trabalho necessário. Na prática, isso significa que os gestores devem estar seguros de que os desafios de suas áreas poderão ser atingidos com as pessoas que compõem a sua equipe ou, caso ele não tenha os profissionais necessários, com os que serão contratados.

Adicionalmente, esses profissionais também precisam se sentir satisfeitos, realizados, motivados e respeitados pela organização. Isso significa que o conteúdo do trabalho precisa ser interessante; as suas condições devem ser adequadas; a remuneração e os benefícios necessitam ser satisfatórios; o desempenho realizado deve ser reconhecido; a possibilidade de ascensão na carreira precisa existir; entre outros. Ainda, é necessário que haja clareza na comunicação e que os rumos a serem tomados, assim como o horizonte no qual a empresa quer chegar, sejam definidos por ela e informados ao seu pessoal. Dar conta de todos esses aspectos requer um cuidadoso planejamento estratégico de gestão de pessoas.

O planejamento estratégico de gestão de pessoas é o processo de avaliar, prever e fazer provisão para as necessidades ligadas à gestão de pessoas, de maneira a assegurar que as metas da empresa sejam alcançadas. Ele diz respeito a como a área e a função de gestão de pessoas podem colaborar para a realização dos objetivos organizacionais e, simultaneamente, beneficiar e estimular o alcance dos objetivos individuais de seus profissionais. O planejamento estratégico de gestão de pessoas está relacionado tanto à linha de ação como ao suporte do processo de planejamento estratégico organizacional (BOHLANDER; SNELL; SCHERMAN, 2005).

Na linha de ação, o planejamento voltado para a gestão de pessoas fornece um conjunto de informações necessárias ao processo de formulação estratégica, indicando o que é possível ser realizado (p. ex., se a empresa possui os profissionais necessários, tanto em quantidade como em especificidade de competências requeridas). Já na linha de apoio, a ligação entre os dois planejamentos se dá pelas questões de implementação: "definidas as estratégias, os executivos tomam as decisões básicas quanto à alocação de recursos, incluindo aquelas relativas à estrutura, aos processos e aos recursos humanos" (BOHLANDER; SNELL; SCHERMAN, 2005, p. 61).

Ele pode ser formulado e desenhado após (modelo reativo), e independente ou totalmente integrado (modelo proativo) ao planejamento estratégico da empresa. O planejamento de RH foi identificado como um meio importante para desenvolver um foco mais claro do funcionamento nos negócios da organização e é uma ajuda crítica na identificação das áreas em que deve se destacar para ter sucesso (ULRICH, 1987).

As etapas de um planejamento estratégico podem ser sistematizadas de diferentes formas, no entanto, costumam seguir a ordem apresentada no Quadro 5. Dependendo do tipo de postura da área de gestão de pessoas, as ações tomadas poderão ser diferentes das apresentadas nesse quadro.

Quadro 5. Etapas de um planejamento estratégico e sua relação com a gestão de pessoas.

Etapa	Atividade de gestão de pessoas
A Gestão Estratégica de Pessoas tem como proposta estar envolvida no desenvolvimento do Planejamento Estratégico da organização. Nesse sentido, os passos a serem seguidos se assemelham quando se desenvolve o Planejamento Estratégico de Gestão de Pessoas para apoiar o alcance dos objetivos organizacionais.	
Definição de direcionadores de negócio e de visão de futuro	A partir dos direcionadores de negócio e de visão de futuro, é possível definir as competências essenciais da organização e quais competências individuais os trabalhadores precisam apresentar para alcançar tais direcionadores.
Avaliação da estratégia vigente	Identifica-se a estratégia que vem sendo adotada pela empresa em relação à gestão de pessoas, envolvendo aspectos como remuneração da empresa em relação ao mercado, programas de treinamento e desenvolvimento para os diversos níveis, programa de benefícios, plano de carreira, avaliação de desempenho etc. Deve-se analisar se as estratégias de gestão de pessoas estão adequadas e são coerentes, bem como estimar quais resultados serão alcançados a partir delas.

(Continua)

(Continuação)

Quadro 5. Etapas de um planejamento estratégico e sua relação com a gestão de pessoas.

Etapa	Atividade de gestão de pessoas
Avaliação do ambiente externo e interno	A análise do ambiente interno e externo é bastante similar ao que se realiza em qualquer Planejamento Estratégico. A diferença aqui é que o foco estará nas pessoas. Nesse sentido, é preciso que a área de Gestão de Pessoas, juntamente com os gestores das demais áreas da empresa, analise se os profissionais que compõem o quadro atual de pessoal terão condições de atingir os direcionadores estratégicos. Para tanto, é preciso avaliar as competências atuais e comparar com as competências necessárias, avaliando se, no horizonte traçado pelo Planejamento Estratégico, esses profissionais serão suficientes (em termos de competências e também de quantidade e diversidade de profissionais). Caso se identifique que faltarão pessoas ou que as atuais não possuem as competências necessárias, a empresa pode contratar mais profissionais e investir em treinamentos para desenvolver as competências exigidas pelos desafios que surgirão. É possível, também, que a empresa identifique que não há profissionais disponíveis no mercado e, mais uma vez, perceba que precisa investir em capacitação ou movimentação dos funcionários atuais ou contratar imediatamente novos profissionais. Esse cenário impactará em outras funções de Gestão de Pessoas, como, por exemplo, de remuneração/compensação, avaliação de desempenho e plano de carreira, os quais precisam estar alinhados e ser atrativos para reter ou atrair os talentos que a organização precisa..
Definição das diretrizes estratégicas/ estratégia organizacional	Definem-se as diretrizes estratégicas (temas prioritários da organização) e as estratégias organizacionais (como a organização se posicionará? Podem ser estratégias econômicas — de investimento, manutenção, desinvestimento, redução de custos), de negócios (genéricas — diferenciação, baixo custo, foco; ou específicas) e de produto/mercado (penetração, desenvolvimento de mercado, desenvolvimento de produto, diversificação) para orientar a gestão da organização. Nessa etapa, a representação da área de gestão de pessoas deverá enfocar não somente seus aspectos próprios, mas também os inserir no contexto da empresa como um todo.

(Continua)

(Continuação)

Quadro 5. Etapas de um planejamento estratégico e sua relação com a gestão de pessoas.

Etapa	Atividade de gestão de pessoas
Estabelecimento de objetivos estratégicos e metas organizacionais	Estabelecem-se os objetivos estratégicos ligados às diretrizes estratégicas e as metas organizacionais a serem alcançadas pela organização, definindo a contribuição da área de gestão de pessoas na sua concretização (seja a partir de seus subsistemas ou apoiando os gestores de linha no gerenciamento de suas equipes). Definem-se macro objetivos, políticas e programas estratégicos prioritários.
Formulação do plano estratégico	Definição de indicadores — para cada objetivo estratégico devem ser identificadas medidas ou indicadores de desempenho, a fim de que seja simples e rápida a mensuração da performance nos diversos níveis e de que sua análise seja menos subjetiva. Quantificação dos objetivos — estimam-se os valores que serão dispendidos com gestão de pessoas para atingimento dos objetivos organizacionais, desde salários, benefícios, treinamento, desenvolvimento etc., de forma a integrar um estudo mais amplo, que vise a verificar se é viável o que se propôs como objetivos e metas. Finalização do plano estratégico — analisa-se o alinhamento entre objetivos, metas, indicadores e estratégias em conjunto com todas as áreas da organização, avaliando se as pretensões são plausíveis. Costuma-se construir um documento resumo que possa ser divulgado para todos os profissionais da empresa.
Elaboração do plano de ação	Os planos de ação são ações de intervenção para que as metas sejam alcançadas. São definidos os responsáveis por cada ação e o momento em que cada uma delas ocorrerá (de acordo com a disponibilidade de recursos existentes para a operacionalização dos mesmos). Integração com plano tático e operacional — para que a estratégia aconteça, é necessário que ela esteja inserida nos planos táticos e operacionais, sendo considerado no orçamento e no horizonte de ação de cada um deles. Cabe à área de gestão de pessoas verificar se os recursos que estavam previstos para a sua área no plano estraté--gico foram previstos nos planos táticos. Adicionalmente, a área pode contribuir na definição dos profissionais que ficarão responsáveis por cada ação, fornecendo informações de quem está disponível e auxiliando os gestores a definir quem é o mais apropriado para tal.

(Continua)

(Continuação)

Quadro 5. Etapas de um planejamento estratégico e sua relação com a gestão de pessoas.

Etapa	Atividade de gestão de pessoas
Divulgação e preparação	Divulgação do plano estratégico — é fundamental que todos os profissionais da organização tenham ciência do que consta no plano estratégico, e cabe à gestão de pessoas comunicar seu conteúdo, explicar a importância do assunto e fazer a correlação com a avaliação de desempenho dos funcionários. Quando a organização envolve os profissionais de todos os níveis na elaboração desses planos, essa etapa pode receber uma ênfase menor. No entanto, na maioria dos casos, fica sob responsabilidade de uma equipe pequena a elaboração dos dois planos, por isso é fundamental que todos os profissionais da organização tenham ciência do que consta no plano estratégico, e cabe à Gestão de Pessoas comunicar seu conteúdo, explicar a importância do assunto e fazer a correlação com a avaliação de desempenho dos funcionários. Preparação da organização — para a realização da estratégia, é necessário que a organização seja preparada para as mudanças que ocorrerão, não apenas em relação à aquisição de materiais, mas principalmente na estrutura de pessoal. Essa é uma das atribuições da gestão de pessoas como parceiro estratégico dos gestores de linha e da alta gestão.
Implementação	Durante todo o processo de implementação e execução do plano de ações, a gestão de pessoas se faz necessária na gestão das equipes, na orientação das ações e na mediação de conflitos. Adicionalmente, a área deve implementar planos de gestão de pessoas, buscando: corrigir/evitar excesso ou falta de pessoal; realizar avaliação de desempenho; treinar pessoas e desenvolver competências; recompensar desempenhos superiores; oferecer plano de carreira atraente, entre outros.
Acompanhamento, avaliação e correção	O acompanhamento das ações, avaliação e correção, na gestão de pessoas, refere-se ao fornecimento de **feedback** e à avaliação do desempenho

Fonte: Adaptado de Kaplan e Norton (1996; 1997), Almeida, Teixeira e Martinelli (1993), Porter (1992; 1996; 1997; 2000).

Quando o planejamento estratégico de gestão de pessoas é desenvolvido após a elaboração do planejamento estratégico da organização, o foco estará na adaptação do primeiro ao segundo, no sentido de contribuir para sua implementação. Esse modelo é chamado de reativo, no qual o foco se concentra no planejamento organizacional, sendo as práticas de gestão de pessoas decorrentes de uma reflexão posterior. Nesse modelo, as discussões cabem aos gerentes de linha, com envolvimento tangencial de profissionais da área de gestão de pessoas (BRATTON, 2012).

A orientação reativa vê a função de gestão de pessoas como totalmente subordinada à estratégia empresarial e de nível organizacional, e entende que essas devem determinar políticas e práticas de gestão de pessoal. Uma vez que a estratégia de negócios é elaborada sem o envolvimento do profissional de RH, as políticas e práticas de gestão de pessoas são implementadas para apoiar a estratégia competitiva escolhida.

Nesse sentido, a prática de gestão estratégica de pessoas está preocupada com o desafio de combinar a filosofia, as políticas, os programas, as práticas e o processo, os "cinco Ps", de forma a estimular e reforçar diferentes comportamentos de papéis de funcionários apropriados para cada estratégia competitiva (SCHULER, 1989). Frequentemente, o desenvolvimento do planejamento organizacional é realizado sem a participação dos especialistas de *staff*, sendo que estes apenas são comunicados das decisões tomadas, precisando encontrar uma maneira de desenvolver práticas de gestão de pessoas necessárias para realização do plano da empresa.

O modelo independente refere-se ao planejamento estratégico de gestão de pessoas que é desenvolvido isoladamente pelos especialistas de *staff*, sem ser articulado com o planejamento estratégico da organização. Eles trabalham no plano e o apresentam aos gerentes de linha. Esse modelo está mais voltado para a função de gestão de pessoas, constituindo-se em um planejamento introvertido e auto orientado. O foco se concentra nas práticas de gestão de pessoas e na forma como a área e seus subsistemas podem adicionar valor à empresa, sem uma análise aprofundada e uma convergência apropriada ao planejamento organizacional. O resultado é um plano para a área de gestão de pessoas, incluindo práticas prioritárias. Alguns autores consideram que esse tipo de planejamento não pode ser associado à gestão estratégica de pessoas (BOXALL, 1992; MILLER, 1987), visto que "a Gestão de Pessoas não pode ser conceituada como uma questão corporativa autônoma. Estrategicamente falando, deve fluir e ser dependente da estratégia corporativa (orientada para o mercado) da organização" (BOXALL, 1992, p. 66).

Tanto o planejamento reativo como o independente não costuma alcançar bons resultados em termos de contribuição com os objetivos organizacionais, visto que não está perfeitamente integrado ao plano maior. Nesse sentido, a opção mais promissora é o modelo integrado ao planejamento estratégico da organização, denominado proativo (BRATTON, 2012), pois trata-se de um modelo mais amplo e abrangente.

Na orientação proativa, o profissional de RH tem um lugar na mesa estratégica e está ativamente envolvido na formulação de estratégias. Esse tipo de planejamento requer que a área de gestão de pessoas seja parceira no início e durante todas as fases de desenvolvimento do planejamento estratégico organizacional. Os gerentes de linha e os especialistas de *staff* trabalham como parceiros para garantir que haja um processo integrado de planejamento estratégico de gestão de pessoas ao organizacional, assim como para que os objetivos, metas e ações sejam implementados. O resultado desse tipo de planejamento é um plano que destaca as práticas de gestão de pessoas prioritárias para o alcance dos resultados organizacionais traçados, tornando-se possível a elaboração de um projeto coletivo a partir de visões múltiplas e complementares, com maiores chances de sucesso.

Link

Acesse os links a seguir para ler diferentes matérias sobre RH.
- O novo papel do RH envolve a estratégia da empresa: **https://goo.gl/1DevgJ**
- A Ambev é uma fábrica de profissionais de RH: **https://goo.gl/hpYxzx**
- Conheça o novo profissional de RH: **https://goo.gl/EQ6hX6**
- O RH que gera lucro: **https://goo.gl/v8Bqdy**
- As pessoas, a gestão e o futuro: **https://goo.gl/wXRL3Y**

Exemplo

DNA Danone

A Danone estabeleceu como desafio estratégico em 2005 dobrar seu tamanho. Na época, a empresa exibia resultados negativos em território nacional já há algum tempo. Estava presa a uma guerra de preços com Nestlé e Parmalat, no âmbito nacional, e com a Vigor e a Itambé, no âmbito regional. Manter a margem de lucro era difícil, o que impedia novos investimentos.

Para alcançar o objetivo audacioso, a Danone sabia que precisaria contar com profissionais com perfil diferenciado (arrojados e com exímia habilidade para trabalhar de forma alinhada ao direcionador da empresa). Assim, surgiu o DNA Danone, um conjunto de competências essenciais (que todos os profissionais da empresa precisariam ter): liderança, inovação, ambição e excelência na execução. Estipulado o DNA, surgia o desafio de levar o gene para a rotina das áreas. A alternativa foi ligar cada meta de cada área a algum gene do DNA.

Algumas áreas propuseram campanhas para estimular seus profissionais a aderirem ao desafio que trouxe ganhos já em 2005, com a Danone retomando os lucros e crescendo 2% no faturamento sobre o ano anterior.

Danone, seus valores e sua missão

O Grupo Danone é uma multinacional de origem francesa, com liderança mundial em produtos lácteos frescos e vice-liderança em águas. Sua missão é "Levar saúde por meio da alimentação ao maior número de pessoas possível". Está presente em mais de 130 países e conta com 90 mil colaboradores em todo o mundo. É o 3º no *ranking* de maior grupo alimentício da Europa, o 7º maior fabricante de alimentos do mundo e o 1º em países como França, Espanha e Itália. Segundo a consultoria britânica InterBrands, a marca Danone está avaliada em US$ 4,48 bilhões, estando na 63ª posição no *ranking* das marcas mais valiosas do mundo. No Brasil, possui um quadro com aproximadamente 2.500 colaboradores, distribuídos em uma estrutura que conta com uma administração central em São Paulo, duas fábricas (uma em Poços de Caldas [MG] e outra em Guaratinguetá [SP]), escritórios regionais e uma ampla rede de distribuição que atende a todo o país.

A ambição da Danone é gerar um crescimento forte, rentável e sustentável até 2020, mais especificamente, um crescimento igual ou superior a 5%, composto pelas seguintes dinâmicas:

entre + 3% e + 5% para a divisão de produtos lácteos frescos;
entre + 7% e + 10% para a divisão águas e a divisão *early life nutrition*;
entre + 6% e + 8% para a divisão de nutrição especializada.

Além disso, a Danone está comprometida com uma margem de crescimento anual impulsionado, principalmente, por uma recuperação estrutural na margem divulgada pela área de produtos lácteos frescos.

RH estratégico com foco no negócio
Com o intuito de garantir que a cultura proposta pelo DNA Danone fosse disseminada, o RH assumiu o papel de desenvolvedor e garantidor desses conceitos, planejando e implementando na companhia, juntamente com as outras áreas, ações necessárias para que eles fossem incorporados na rotina dos profissionais. Desde então, todas as ações da empresa estão ligadas ao DNA.

O trabalho de gerenciamento, recrutamento e seleção, avaliação de desempenho, treinamento e desenvolvimento passou a ser focado nos genes DNA Danone (competências essenciais da organização), nas competências gerenciais do Grupo Danone e nas competências funcionais específicas para cada cargo.

A área de RH contribui ativamente para a estratégia da empresa, desde a elaboração de seu planejamento, com a participação da Diretoria de Gestão de Pessoas no Comitê de Direção (que decide as metas e prioridades da Danone Brasil, a partir das diretrizes da Direção Geral do Grupo Danone).

Uma vez estabelecidas as diretrizes para a Danone Brasil, inicia-se o processo de cascatear objetivos, liderado pela área de gestão de pessoas. Nesse momento, as estratégias definidas no Comitê de Direção são divididas entre suas áreas responsáveis e desdobradas em forma de objetivos por todos os colaboradores. Dessa forma, assegura-se que cada área seja avaliada por objetivos similares e que estejam todos sob o mesmo foco. Assim, o DNA é ligado diretamente ao negócio. Cada objetivo está diretamente relacionado à liderança, excelência na execução, inovação ou ambição – os genes do DNA.

Para garantir a proximidade da área de RH a todos os departamentos e as pessoas da companhia e assegurar que ao longo do ano os objetivos estejam sendo trabalhados, a Danone adotou uma estrutura que se concentra em duas áreas principais: a área de *Business Partner* e a área de Planejamento e Inovação. A área de *Business Partner* é responsável pelo atendimento direto de cada departamento por RH.

Ao cascatear os objetivos, essa área garante o alinhamento para todos os níveis dentro de cada uma de suas áreas de atendimento, além de aplicar e customizar todos os processos de RH naquelas.

A área de Planejamento e Inovação tem a função de desenvolver programas e processos, coordenar a sua aplicação e focar na melhoria dos produtos de RH para atender à necessidade corporativa da Danone Brasil. Essa área é coordenada por um gerente de desenvolvimento organizacional e conta com uma equipe de três gerentes.

Essa estrutura demonstra que o conceito de gestão de pessoas da Danone é atender às áreas clientes, da melhor forma, a fim de trazer os melhores resultados para a organização. É uma estrutura que favorece o negócio, uma vez que cada *Business Partner* tem um conhecimento não só de RH, mas também do negócio e, mais especificamente, de cada área cliente e de como elas impactam o negócio. O recrutamento e seleção, por exemplo, tem o foco no porcentual de profissionais chamados de potenciais (aqueles que demonstram não só capacidade de assumir níveis superiores, mas também de contribuir e criar possibilidades para o futuro da companhia, os futuros líderes), que a empresa precisa para garantir que daqui há dois ou três anos, esses profissionais contratados possam assumir posições acima, buscando, assim, uma maior efetividade na contratação e uma diminuição no *turnover*.

Outra prática que revela total alinhamento com os objetivos estratégicos da organização são os programas de avaliação e desenvolvimento, que mantêm o foco constante em resultados. Para tanto, o RH garante reuniões constantes de *feedback* para que os objetivos da companhia, que foram cascateados no início do ano, possam ser acompanhados.

Formalmente, a Danone adota como forma de avaliação de desempenho o que chama de revisão de desenvolvimento e performance (RDP), uma avaliação individual, realizada pelo colaborador e seu gestor em uma reunião formal, ao final de cada ano, que avalia o desempenho (por meio do porcentual de alcance de cada objetivo individual proposto no início do ano) e as competências desenvolvidas. Enquanto a avaliação de performance impacta o bônus, a avaliação de competências impacta o desenvolvimento.

A RDP também gera o plano de desenvolvimento individual em que estão expressos os pontos fortes de desenvolvimento e as ações que serão utilizadas para o desenvolvimento do colaborador, sejam elas *on the job*, treinamento, entre outras. O RH tem o papel de analisar as avaliações e discuti-las com cada diretor de área, avaliando o desempenho e o potencial de cada colaborador de modo a integrar todas essas informações na *Manager Review* – um mapa da estrutura de toda empresa, com a avaliação de cada profissional, objeto de ponto de partida para o desenho das possíveis movimentações dentro da empresa, as ações de treinamento, as premiações e bonificações.

Baseada na *Manager Review*, anualmente a Danone realiza a *Salary Review*, que avalia e aplica aumentos salariais por mérito e bônus, visando também a retenção de talentos. Ainda como forma de reconhecimento, foi criado na empresa o "Desafio DNA", que premia com viagens (níveis gerenciais), e com bolsas de estudos (níveis não gerenciais), os autores dos projetos de destaque do ano em liderança, excelência na execução, inovação e ambição – os genes do DNA Danone.

Assim, é nítido o fato de que o modelo de gestão de pessoas da Danone está focado em resultados e desenvolvimento, sendo necessário para que a empresa alcance seus objetivos. A área é ainda estimulada mundialmente pelo Grupo Danone, cujo objetivo é ter todas as suas unidades utilizando políticas e práticas que favoreçam o conceito de *People first and for all*.

Fonte: Central de Cases ESPM (2008).

Referências

ALBUQUERQUE, L. G. A gestão estratégica de pessoas. In: FLEURY, M. T. L. (org.). *As pessoas na organização*. 1. ed. São Paulo: Gente, 2002, p. 35-50.

ALBUQUERQUE, L. G. O papel estratégico de recursos humanos. São Paulo, 1987. 262 f. Tese (Livre Docência) - Faculdade de Economia, Administração e Contabilidade - Universidade de São Paulo, São Paulo, 1987.

ALBUQUERQUE, L. G.; LEITE, N. P. *Gestão de pessoas:* perspectivas estratégicas. São Paulo: Atlas, 2010.

ALMEIDA, M. I. R.; TEIXEIRA, M. L. M.; MARTINELLI, D. P.. Por que administrar estrategicamente recursos humanos? Revista de Administração de Empresas, São Paulo, v. 33, n. 2, p. 12-24, mar.-abr. 1993.

BARBOSA, I. R. O papel estratégico dos recursos humanos no processo de renovação organizacional: um estudo de caso: a ECT. São Paulo, 1981. 141 f. Dissertação (Mestrado) – Escola Brasileira de Administração Pública - Fundação Getúlio Vargas, Rio de Janeiro, 1981. Disponível em: <http://bibliotecadigital.fgv.br/dspace/handle/10438/8880>. Acesso em: 2 mar. 2018.

BERGUE, S. T. Gestão estratégica de pessoas e balanced scorecard em organizações públicas. Análise – Revista de Administração da PUCRS, Porto Alegre, v. 16, n. 2, 2005.

BERTERO, C. O. A administração de recursos humanos e o planejamento empresarial. *Revista de Administração de Empresas*, São Paulo, v. 22, n. 1, p. 5-13, jan.-mar. 1982.

BOHLANDER, G.; SNELL, S. *Administração de recursos humanos*. 16. ed. São Paulo: Cengage Learning, 2015.

BOHLANDER, G.; SNELL, S.; SCHERMAN, A. *Administração de recursos humanos*. Tradução Maria Lúcia G. Leite Rosa. 1. ed. São Paulo: Pioneira Thomson Learning, 2005.

BOHLANDER, G.; SNELL, S.; SCHERMAN, A. *Administración de recursos humanos*. 12. ed. México, D.F.: Thomson, 2001.

BOXALL, P. F. Strategic human resource management: beginnings of a new theoretical sophistication? Human Resource Management Journal. London, v. 2, n. 3, p. 60-79, mar. 1992.

BOXALL, P.; PURCELL, J. Strategy and human resource management. New York: Palgrave, 2003.

BRATTON, J.; GOLD, J. Human resource management: theory and practice. New York: Palgrave Macmillan, 2012.

CURADO, I. B.; PEREIRA FILHO, J. L.; WOOD JÚNIOR, T. Mitos e realidades da gestão de recursos humanos. *Revista de Administração de Empresas*, São Paulo, v. 2, n. 35, p. 6-8, nov.-dez. 1995.

DUTRA, J. S. Administração de carreiras: uma proposta para repensar a gestão de pessoas. São Paulo, 1993. Tese (Doutorado) - Faculdade de Economia, Administração e Contabilidade, Universidade de São Paulo.

DUTRA, J. S. *Gestão por competências*. São Paulo: Gente, 2001.

DUTRA, J. S. *Profissionais de recursos humanos*: um grupo à procura de legitimação. São Paulo, 1987. Dissertação (Mestrado) - Escola de Administração de Empresas de São Paulo, Fundação Getulio Vargas, São Paulo, 1987.

DUTRA, J. S.; FISCHER, A. L.; AMORIM, W. A. C. *Gestão de pessoas*: desafios estratégicos das organizações contemporâneas. São Paulo: Atlas, 2009.

DUTRA, J. S.; FISCHER, A. L.; AMORIM, W. A. C. *Gestão de pessoas*: práticas modernas e transformação nas organizações. São Paulo: Atlas, 2010.

FISHER, A. L. A constituição do modelo competitivo de gestão de pessoas no Brasil: um estudo sobre as empresas consideradas exemplares. São Paulo, 1998. Tese (Doutorado) - Faculdade de Economia, Administração e Contabilidade - Universidade de São Paulo.

FISCHER, A. L. Um resgate conceitual e histórico dos modelos de gestão de pessoas. In: FLEURY, M. T. L. (org.). *As pessoas na organização*. 1. ed. São Paulo: Gente, 2002, p. 11-34.

FISCHER, A. L.; ALBUQUERQUE, L. Tendências que orientam as decisões dos formadores de opinião em gestão de pessoas no Brasil. In: ENCONTRO ANUAL DA ANPAD, 25., 2001, Campinas. *Anais...* Campinas: ANPAD, 2001. p. 1-15.

FOMBRUN, C.; TICHY, N. M.; DEVANNA, M.A. Strategic Human Resource Management, John Wiley & Sons, New York, 1984.

FRAGOSO, S. A. Gestão estratégica de pessoas como fonte de vantagens competitivas nas organizações. *Revista Brasileira de Estratégia*, Curitiba, v. 2, n. 3, p. 307-315, 2009.

GRATTON, L. *Living strategy*: putting people at the heart of corporate purpose. Edinburgh: FT Press, 2000.

HANASHIRO, D. M. M.; TEIXEIRA, M. L. M.; ZACCARELLI, L. M. (org.) *Gestão do fator humano:* uma visão baseada em stakeholders. São Paulo: Saraiva, 2008.

INYANG, B. J. Strategic human resource management (SHRM): a paradigm shift for achieving sustained competitive advantage in organization. International Bulletin of Business Administration, Mahé (Seychelles), v. 7, n. 23, p. 215-243, 2010.

KAPLAN, R. S.; NORTON, D. P. *A estratégia em ação:* balanced scorecard. Rio de Janeiro: Elsevier, 1997.

KAPLAN, R. S.; NORTON, D. P. The balanced scorecard: translating strategy into action. Boston: Harvard Business School Press, 1996.

KIECHEL, W. Sniping at Strategic Planning, *Planning Review*, v. 12, n. 3, p. 8-11, 1984.

LACOMBE, B. M. B.; CHU, R. A. Políticas e práticas de gestão de pessoas: as abordagens estratégica e institucional. Revista de administração de empresas, São Paulo, v. 48, n. 1, p. 25-35, jan.-mar. 2008.

LACOMBE, B. M. B.; TONELLI, M. J. O discurso e a prática: o que nos dizem os especialistas e o que nos mostram as práticas das empresas sobre os modelos de gestão de recursos humanos. Revista de administração contemporânea, Rio de Janeiro, v. 5, n. 2, p. 157-174, maio-ago. 2001.

LACOMBE, F. J. M. *Recursos humanos:* princípios e tendências. 2. ed. São Paulo: Saraiva, 2005.

LAM, S. S. K.; SCHAUBROECK, J. Integrating HR planning and organisational strategy. *Human Resource Management Journal.* London, v. 8, n. 3, p. 5-19, jul. 1998.

LEGGE, K. Human resource manager: rhetoric and realities (anniversary edition). Basingstoke: Palgrave-Macmillan, 2005.

LIMA, F. O.; TEIXEIRA, P. C. Direcionamento estratégico e gestão de pessoas nas organizações. São Paulo: Atlas, 2000.

MALIK, N. Emergence of strategic human resource management historical perspective. Academic leadership: the online journal, Hays (KS), v. 7, n. 1, p. 16, 2009.

MARRAS, J. P. *Administração de recursos humanos:* do operacional ao estratégico. 3. ed. São Paulo: Futura, 2000.

MELLO, J. A. Strategic management of human resources. London: South West Cengage Learning, 2011.

MILLER, P. Strategic industrial relations and human resource management: distinction, definition and recognition. Journal of Management Studies, Wellesley (MA), v. 24, n. 4, p. 347-361, 1987.

MURPHY, T. E.; ZANDVAKILI, S. Data-and metrics-driven approach to human resource practices: using customers, employees, and financial metrics. Human Resource Management, v. 39, n. 1, p. 93-105, mar. 2000.

NAKAYAMA, M. K. Novas formas, tecnologias e o papel do RH no cenário organizacional. In : MANSSOUR, A. B. et al. *Tendências em Recursos Humanos*. Porto Alegre: Multimpresso, 2001.

NAKAYAMA, M. K.; SILVEIRA, R. A. Ensino a distância nos programas de capacitação. In: BITENCOURT, C. *Gestão contemporânea de pessoas*. Porto Alegre: Bookman, 2004.

PORTER, M. E. A hora da estratégia. HSM *Management*, São Paulo, v. 5, p. 95-98, 1997.

PORTER, M. E. A nova era da estratégia. HSM Management, São Paulo, v. 1, n. 1, p. 18-28, 2000.

PORTER, M. E. O que é estratégia. Harvard Business Review, São Paulo, v. 74, n. 6, p. 61-78, 1996.

PORTER, M. E. Vantagem competitiva: criando e sustentando um desempenho superior. Rio de Janeiro: Campus, 1992.

SCHULER, R.; JACKSON, S. HR issues and activities in mergers and acquisitions. *European Management Journal*, v. 19, n. 3, p. 239-253, jun. 2001.

SCHULER, R. S. Strategic human resource management and industrial relations. *Human relations*, London, v. 42, n. 2, p. 157-184, fev. 1989.

SNELL, Scott; BOHLANDER; G. Administración de recursos humanos. México (DF): Cengage Learning, 2013.

TANURE, B.; EVANS, P. A importância do RH. GV-executivo, São Paulo, v. 5, n. 5, nov-dez, 2006.

ULRICH, D. Campeões de *recursos* humanos. São Paulo: Futura, 1998.

ULRICH, D. Organizational capability as a competitive advantage: human. *People and strategy*, v. 10, n. 4, p. 169, 1987.

ULRICH, D. Recursos humanos estratégicos: novas perspectivas para os profissionais de RH. São Paulo: Futura, 2000.

VENOSA, R.; ABBUD, M. A. *Importância da área de recursos humanos segundo os principais dirigentes de empresas*. Relatório de Pesquisa, Núcleo de Pesquisas e Publicações, EAESP/FGV, 1995.

WALKER, J. W. *Human resource strategy*. New York: McGraw-Hill, 1992.

WALTON, R. E. From control to commitment in the workplace. *Harvard Business Review*, Boston, v. 63, n. 2, p. 76-84, 1985.

WRIGHT, P. M.; SNELL, S. A. Toward a unifying framework for exploring fit and flexibility in strategic human resource management. Academy of management review, Briarcliff Manor (NY), v. 23, n. 4, p. 756-772, 1998.

Diversidade de pessoas

Objetivos de aprendizagem

Ao final deste texto, você deve apresentar os seguintes aprendizados:

- Conceituar diversidade de pessoas no contexto atual.
- Reconhecer a importância da diversidade na composição das pessoas que formam os processos organizacionais.
- Identificar os principais aspectos legais relacionados aos processos de gestão de pessoas para gerenciamento de cotas e cumprimento da legislação.

Introdução

O mundo passou por transformações significativas nas últimas décadas e que refletiram diretamente na forma como as pessoas pensam, agem e se relacionam em sociedade. Essas mudanças afetaram inclusive a forma como as organizações atuam, uma vez que, dentro de um panorama global e conectado, os mercados tornaram-se mais competitivos e as exigências por qualidade, responsabilidade ambiental e social passam a ser cotidianas entre seus clientes e usuários.

Uma das grandes mudanças ocasionada nas últimas décadas diz respeito aos estudos sobre a cultura e seus aspectos constitutivos dos sujeitos. Vivemos uma evolução nos aspectos relacionados aos direitos humanos e à busca por reconhecimento, atenção e respeito de todos os grupos culturais organizados em prol de suas identidades. Aliás, o próprio conceito de identidade se reconfigura e, hoje, percebemos que as identidades não são necessariamente únicas, muito menos fixas, sendo plurais e transitórias. É fácil perceber essa mudança ao analisarmos quantos papéis sociais ocupamos em um único dia: pai, mãe, marido, esposa, estudante, profissional, desportista, amigo ou amiga, entre tantos outros.

Essas mudanças propiciaram aos mais diversos grupos culturais conquistar seus espaços com mais igualdade de condições e menos assimetrias de poder. Esses grupos culturais diversos costumam ser considerados ao utilizarmos o conceito de diversidade que você aprenderá neste capítulo. O conceito de diversidade envolve as diferenças de várias ordens, sejam elas étnicas, religiosas, sexuais ou relacionadas às pessoas com deficiências. É importante que as organizações se comprometam e se tornem capazes de lidar com os diversos sujeitos que se encontram envolvidos em seus processos cotidianos, criando um clima de respeito e aprendizagem mútuos.

Diversidade de pessoas no contexto atual

Ao começar a explorar o tema da diversidade de pessoas no interior das organizações, você deve ter claro em seu entendimento o que significam, em um primeiro momento, os conceitos de cultura e identidade. Lembre-se que as pessoas se organizam e se agrupam socialmente por meio da construção de suas identidades que, por sua vez, são um processo cultural. Portanto, nos constituímos e chegamos a ser quem somos, em razão dos inúmeros ensinamentos que recebemos desde o nascimento nos mais variados grupos ou campos sociais nos quais atuamos.

Temos que pensar, ainda, que a cultura não deve ser vista como algo isolado, ou seja, é preciso entender que nossa cultura se dá por meio do contexto histórico e dos processos nos quais os grupos se encontram envolvidos.

Ao nascermos, começamos a fazer parte de uma família, que, por sua vez, se insere em um grupo maior. Tanto no ambiente familiar como nos demais grupos iremos ser apresentados a inúmeras práticas distintas. Da mesma forma, seremos introduzidos a pensar seguindo uma certa matriz ou lógica de ideias aceitas e colocadas a prova por esses grupos. Essas práticas e ideias constituem a cultura do grupo e poderão fazer parte de nossa identidade cultural no futuro.

Uma das aproximações possíveis ao conceito de cultura é justamente aquela que a compreende como "[...] a diferença específica dos grupos e povos nas suas relações consigo mesmos (identidade) e com as outras culturas (humanidade)". (SANCHEZ, 2005, p. 17).

Essa citação nos remete a pensar na necessidade, dentro das organizações, de que a gestão de pessoas crie mecanismos em que possam ser valorizados e respeitadas todas as culturas sem a maior valoração de uma ou de outra.

Edward Tylor (1832-1917) nos explica que o vocábulo inglês Culture "[...] tomado em seu amplo sentido etnográfico é este todo complexo que inclui conhecimentos, crenças, arte, moral, leis, costumes ou qualquer outra capacidade ou hábitos adquiridos pelo homem como membro de uma sociedade". (LARAIA, 2006, p. 25).

Vamos analisar a citação do autor para reforçar a importância do respeito pela diversidade dentro das organizações. Basta pensarmos que nossas crenças mais importantes, a forma como vemos o mundo e agimos sobre ele, os costumes mais reconhecidos e a própria moral, ou seja, a forma como entendemos o certo e o errado, o bem e o mal, são produções culturais que se desenvolvem a partir das práticas e aprendizados obtidos nas organizações em que atuamos (cultura organizacional). Logo, desconsiderar esses aspectos constituintes do ser humano que está diariamente no ambiente empresarial é, no mínimo, contrária a ideia de possuir um colaborador motivado e feliz com aquilo que faz e com o seu ambiente de trabalho, não é mesmo?

Embora possa parecer simples, o conceito de diversidade cultural é complexo e enfrenta grandes embates teóricos em busca da definição de sua abrangência e de suas possíveis categorizações do que viria a contemplar esse "diverso" proposto. Porém, existe unanimidade ao se tratar da questão da identidade. Nkomo e Cox Jr. (1999, p. 338) definem a diversidade como "um misto de pessoas com identidades grupais diferentes dentro do mesmo sistema social". Podemos perceber com facilidade essa diversidade ao caminharmos nas ruas ou mesmo nos corredores e departamentos das mais diversas organizações, locais onde você encontrará pessoas diferentes nos aspectos físicos, de gênero, nas suas orientações sexuais, nas suas escolhas religiosas, diferenças etárias (geracionais), capacidades e limitações. Essa diversidade desafia sobremaneira os gestores de pessoas atuais.

Reforçando essas nossas ideias iniciais sobre o conceito de diversidade, é importante lembrar que:

> A diversidade inclui todos, não é algo que seja definido por raça ou gênero. Estende-se à idade, história pessoal e corporativa, formação educacional, função e personalidade. Inclui estilo de vida, preferência sexual, origem geográfica, tempo de serviço na organização, status de privilégio ou de não privilégio e administração ou não administração. (THOMAS apud NKOMO; COX JUNIOR, 1999, p. 334-335).

Logo, ao se tomar decisões dentro das organizações é essencial que se repense se essas não estarão de certa maneira privilegiando alguns grupos de pessoas em detrimento de outros.

Importância da diversidade na composição das organizações

Como vínhamos comentando anteriormente, o respeito à diversidade significa respeitar todos aqueles que estão atuando dentro das organizações, procurando quebrar os estereótipos e os padrões que, historicamente, vieram sendo construídos ao acompanharmos a história do desenvolvimento organizacional e do meio do trabalho no Brasil e no mundo.

Do ponto de vista histórico e, mais especificamente nas nações ocidentais, sabemos que houveram privilégios e favorecimentos a alguns grupos sociais, sobretudo os masculinos, de origem étnica branca, ocidental, heterossexual e cristã. Esses grupos eram identificados como aqueles que deveriam ocupar os melhores cargos e seriam os mais indicados e competentes para conduzir e desempenhar funções dentro das empresas em um cenário que estava se afirmando e sendo construído e consolidado.

Temos na contemporaneidade, entre os grandes desafios da gestão da diversidade, a equiparação da mulher no mercado de trabalho, uma vez que ela ainda tem maiores dificuldades para conquistar postos de comando nas organizações e costuma receber uma remuneração menor do que os homens em grande parte dos cargos. Segundo pesquisa realizada pelo Instituto Ethos em parceria com o Banco Interamericano de Desenvolvimento, em 2016, com as 500 maiores empresas brasileiras:

> Os resultados demonstram que, dentro dos quadros executivos, as populações femininas e negras continuam enfrentando desigualdades e vulnerabilidades no mundo corporativo. Apenas 13,6% dos quadros executivos são compostos por mulheres e 4,7% por negros. Entre as empresas que buscam promover a igualdade em seu quadro de funcionários, 43,1% possuem políticas voltadas para pessoas com deficiência, 28,2% para mulheres, e apenas 8% para negros. (INSTITUTO ETHOS; BID, 2016).

Como você pode perceber a partir dos resultados da pesquisa aplicada no Brasil, ainda existem lacunas a serem preenchidas pelos gestores de pessoas no que se refere à diversidade e o público feminino. Outro ponto que merece destaque ao focarmos na diversidade diz respeito ao público lésbicas, gays, bissexuais, transgêneros (LGBT), que exerce suas atividades laborais nas organizações e que ainda sofre todo tipo de discriminações. Reforçamos que, em 2013, no Relatório Nascidos Livres e Iguais, o Comitê Internacional de Direitos Humanos, reforçou a importância aos Estados membros da Organização das Nações Unidas (ONU) sobre o respeito a estes grupos identitários, comentando que:

> Indivíduos LGBT sofrem discriminação em muitos aspectos diferentes da vida cotidiana. Sofrem tanto com a discriminação oficial, na forma de leis estaduais e políticas que criminalizam a homossexualidade (impedindo-os de trabalhar em determinados tipos de emprego ou lhes negando acesso a benefícios), como com a discriminação não oficial, na forma de estigma social, exclusão e preconceito inclusive no trabalho, em casa, na escola e em instituições de saúde. Contudo, o regime internacional de direitos humanos proíbe a discriminação com base na orientação sexual e identidade de gênero. A orientação sexual e identidade de gênero – como a raça, o sexo, a cor ou a religião – são condições não permissíveis para distinção. (ONU, 2013, p. 41).

Nas últimas décadas, acompanhando a própria evolução dos mercados internacionais, exigiu-se das organizações novas posturas em relação ao desenvolvimento de seus quadros funcionais e a inclusão de novos grupos minoritários em seu meio. Esses grupos incluem a própria inserção da mulher, dos gays, daqueles de outras etnias, a reintegração dos idosos, dos estrangeiros, das pessoas com deficiências, entre outros. As empresas logo descobriram que existe riqueza e muitos valores que podem ser agregados por meio desse convívio diverso em seus processos cotidianos.

Ao analisar a constituição da nação brasileira em seus processos de colonização e suas mudanças ocasionadas no século XIX e XX, Fleury (2000, p. 19) nos traz o seguinte comentário:

> Os brasileiros valorizam sua origem diversificada, incluindo as raízes africanas, presentes na música, na alimentação, no sincretismo religioso; gostam de se imaginar como uma sociedade sem preconceitos de raça ou cor. Mas, por outro lado, é uma sociedade estratificada, em que o acesso às oportunidades educacionais e às posições de prestígio no mercado de trabalho é definido pelas origens econômica e racial.

Poderíamos reafirmar, partindo da citação da autora, que o desafio da gestão de pessoas na atualidade seria aproveitar a riqueza trazida para o interior das organizações por meio dessa inserção ou inclusão da diversidade, proporcionando respeito mútuo e quebrando os paradigmas de estratificação social, principalmente aqueles que se impõe pelo não acesso a oportunidades educacionais em iguais condições. Percebemos esses movimentos ao visualizar ações voltadas para a aprendizagem organizacional, que acabam reforçando e suprindo deficiências fundamentais de formação que possam vir a ter ocorrido em seus membros, procurando nivelar todos em termos de conhecimentos, habilidades e capacidades.

Além disso, sabemos que atualmente no Brasil, acompanhando as conquistas de alguns grupos minoritários, existem políticas afirmativas que acabaram por se constituir em leis que incidem nas organizações de forma direta. Portanto, obrigatoriamente, as organizações terão que compor seus quadros funcionais com quotas étnicas e percentuais de pessoas com deficiência, conforme você verá no próximo tópico. Essas ações, além de repararem questões históricas de assimetria de poder, pretendem que a diversidade se estabeleça de fato no interior das mais diversas organizações.

Ao analisar o conceito de diversidade, adentramos o ambiente corporativo internacional, Fleury (2000, p. 20) comenta que "[...] com um enfoque mais pragmático, a gestão da diversidade cultural foi uma resposta empresarial à diversificação crescente da força de trabalho e às necessidades de competitividade". Essa diversificação crescente da força de trabalho comentada pela autora, fez uma gama de trabalhadores, dos mais diversos grupos culturais, poder tomar parte das organizações. Esses grupos possuem características diferentes, pensam, agem e atuam de acordo com seus valores, hábitos e crenças culturalmente estabelecidas, conforme mencionamos anteriormente. Cabe as organizações efetuar o gerenciamento dessas diferenças por meio da gestão da diversidade, uma vez que, conforme alertam Nkomo e Cox Junior (1999), o não gerenciamento da diversidade pode conduzir ao forte conflito intergrupal entre os membros da maioria e da minoria, reduzindo os resultados efetivos do trabalho.

A gestão da diversidade no interior das organizações é importante pois irá fazer a atividade produtiva cotidiana se alinhar a padrões coletivos, colaborativos e sair da esfera individual. Segundo COX (1994, p. 11), "A administração da diversidade cultural significa planejar e executar sistemas e práticas organizacionais de gestão de pessoas de modo a maximizar as vantagens potenciais da diversidade e minimizar as suas desvantagens". As vantagens implicam no aproveitamento da riqueza multicultural, do compartilhamento de novos conhecimentos e formas de entender os processos e as práticas; e as desvantagens se evidenciam nos conflitos internos que podem ser ocasionados caso as organizações não adotem uma política de gestão da diversidade. Esses conflitos levarão certamente a posturas profissionais não condizentes e que afetarão a produtividade de forma direta e diminuirão a capacidade competitiva dessas organizações.

Diversidade e legislação brasileira

Neste tópico você aprenderá sobre alguns aspectos legais que incidem sobre o tema da diversidade que viemos abordando, mais especificamente nos aspectos que envolvem cotas étnicas e para pessoas com deficiências. Ainda, vamos abordar as questões legais que envolvem o assédio moral e sexual, que devem ser combatidas no interior das organizações e que, muitas vezes, podem surgir vindas pelo desrespeito à diversidade por parte de gestores que não apresentam um comportamento ético.

Em um primeiro momento, nos cabe entender o que vem a ser considerado o conceito de deficiência, pois seu entendimento é essencial para que não se estabeleça uma crença que associa a pessoa com deficiência a alguém incapaz ou com menos valor no ambiente organizacional.

Segundo Carvalho-Freitas (2009, p. 124):

> Por deficiência entende-se a alteração completa ou parcial de um ou mais segmentos do corpo humano, acarretando o comprometimento das funções física, auditiva ou visual. Em função de contingências históricas, sociais e espaciais, essa alteração poderá resultar em perda da autonomia para a pessoa, trazer problemas de discriminação social e dificultar a inserção social das pessoas com deficiência.

Conforme nos alerta a autora, as concepções sobre as deficiências são construções históricas e que também tiveram suas modificações e avanços nas últimas décadas, principalmente devido às discussões sociais que envolvem a inclusão em seus múltiplos aspectos.

O Brasil, acompanhando os inúmeros movimentos internacionais em busca de melhores garantias dos direitos humanos também às pessoas com deficiências, instituiu, por meio da Lei nº 8.213, de 24 de julho de 1991, conhecida como a Lei de Cotas, o preenchimento obrigatório dos quadros funcionais das organizações com mais de cem funcionários com um percentual de 2 a 5% de suas vagas laborais para pessoas com deficiências. Veja o que diz a Lei nº 8.213/1991 sobre estes percentuais:

> Art. 93 - a empresa com 100 ou mais funcionários está obrigada a preencher de dois a cinco por cento dos seus cargos com beneficiários reabilitados, ou pessoas portadoras de deficiência, na seguinte proporção:
> até 200 funcionários.................. 2%
> de 201 a 500 funcionários........... 3%
> de 501 a 1000 funcionários......... 4%
> de 1001 em diante funcionários... 5%

Como você pode perceber, a partir da regulação imposta pela lei citada, as organizações deverão assegurar entre seus quadros a existências de pessoas com deficiência que devem, dentro do conceito da diversidade, serem acolhidas e respeitadas como colaboradores com potencial e capacidades que poderão agregar valor às empresas em que atuam. Dessa forma, evidenciam-se ainda mais a necessidade e a importância da gestão da diversidade a ser realizada pelas organizações uma vez que ela "[...] vem fornecendo, às organizações, práticas que visem garantir resultados à organização e às pessoas que nela trabalham, com ambientes mais favoráveis à produtividade, bem-estar e qualidade". (MARTINEZ; LIMONGI-FRANÇA, 2009, p. 2).

Além das pessoas com deficiência que abordamos rapidamente aqui ao comentarmos sobre a legislação que trata da diversidade e incide diretamente sobre o funcionamento das organizações, não podemos deixar de citar as cotas étnicas, que tratam sobretudo dos afrodescendentes. As discussões em torno de políticas públicas afirmativas se originam na década de 1960, nos Estados Unidos, e repercutem nas últimas décadas em nosso país, visando reparar as heranças dos processos colonizadores que estabeleceram diferenças de oportunidades e desenvolvimento das pessoas negras na vida em sociedade e, logicamente, no mercado de trabalho.

É importante que você tenha em mente, como gestor de pessoas de organizações, que as ações afirmativas devem ser entendidas:

> [...] como políticas e mecanismos de inclusão concebidas por entidades públicas, privadas e por órgãos dotados de competência jurisdicional, com vistas à concretização de um objetivo constitucional universalmente reconhecido – o da efetiva igualdade de oportunidades a que todos os seres humanos têm direito. (GOMES, 2001, p. 41).

Dessa forma, fica nítido o caráter de compensação destes grupos sociais que possuíram um passado de discriminações e que foram impedidos de ter acesso aos seus direitos fundamentais. A Lei nº 12.990, de 09 de junho de 2014, irá estabelecer que:

> Art. 1º Ficam reservadas aos negros 20% (vinte por cento) das vagas oferecidas nos concursos públicos para provimento de cargos efetivos e empregos públicos no âmbito da administração pública federal, das autarquias, das fundações públicas, das empresas públicas e das sociedades de economia mista controladas pela União, na forma desta Lei.

Portanto, existe todo um investimento legal para que as questões da diversidade sejam de fato observadas nas organizações de modo geral, valendo-se das instituições públicas como exemplo dessas práticas, em que todos possam ter acesso e igualdade de condições, independentemente de suas origens étnicas ou quaisquer outros fatores que possam diferenciá-los culturalmente.

Uma questão muito relevante e que geralmente está associada ao desrespeito às questões que envolvem a discussão da diversidade é o assédio moral e sexual. Enquanto o assédio sexual apresenta uma forte relação à questão de gênero e ao preconceito estabelecido com a mulher, o assédio moral costuma abranger a todos, sem limitar-se a algum grupo identitário mais específico.

O assédio pode ser entendido como:

> [...] conduta abusiva que se manifesta notadamente por comportamentos, palavras, atos, gestos, que podem causar danos à personalidade, à dignidade ou à integridade física ou psíquica de uma pessoa, colocando em risco o emprego desta ou degradando o clima de trabalho. (HIRIGOYEN, 1998, p. 55).

Ao realizarem suas ações de forma abusiva, valendo-se de quaisquer das diferenças que compõe os grupos envolvidos nas questões da diversidade que estudamos anteriormente, para produzir práticas preconceituosas ou discriminatórias, os gestores estarão cometendo assédio moral, uma vez que atingem diretamente a dignidade do colaborador. É importante destacar que não precisa, necessariamente, ser uma ação física, agressão ou violência, mas o uso inadequado de palavras, a imposição rude de ordens, xingamentos e a exposição desnecessária de um colaborador também podem caracterizar esse tipo de assédio. Podemos citar como exemplo um gestor que faz "piadas" e deboches sobre a capacidade das mulheres de sua equipe, que está atentando contra a gestão da diversidade, uma vez que privilegia os homens como mais capazes; e cometendo assédio moral ao expor as mulheres e inferioriza-las.

Já o assédio sexual se encontra presente nas mais diversas organizações e pode ter ligação com a nossa cultura brasileira e com a forma como aprendemos a entender o sexo, principalmente sob a visão machista. Vamos acompanhar o que nos diz Freitas (2001, p. 16):

> Dificilmente, encontraremos uma organização onde não tenha ocorrido pelo menos um caso de assédio sexual. Infelizmente, também será difícil encontrarmos uma organização em que o tratamento utilizado não envolveu o desligamento da vítima, ainda que espontâneo. O assédio sexual é um caso que provoca tristeza, revolta e indignação. Entristece pelo seu lado patético, pequeno, mortal, miserável; revolta pela facilidade com que ocorre e provoca indignação pela impunidade que o cerca. Impunidade que vem seja pela indiferença, seja pelo escárnio.

Então, cabe ao gestor gerenciar a diversidade, coibindo situações nas quais possam existir avanços nas questões de ordem sexual, como a utilização de cantadas, de estratégias de sedução e chantagens relacionadas ao cargo ou atividades desenvolvidas que possam apresentar qualquer conotação relacionada à sexualidade dos colaboradores que lidera. As práticas de assédio sexual, assim como as de assédio moral, degradam o ambiente de trabalho e afetam diretamente a motivação da vítima assediada e de seus colegas da organização.

Vale ressaltar, para fechamento dessa discussão, que as legislações que versam sobre as pessoas afrodescendentes e sobre as pessoas com deficiência, bem como as discussões que envolvem o assédio, somente regulamentam o que já havia sido estabelecido pela Declaração Universal dos Direitos Humanos, da ONU, em 10 de dezembro de 1948, que traz em seu artigo segundo que todos possuem os mesmo direitos propostos pela declaração "sem distinção alguma, nomeadamente de raça, de cor, de sexo, de língua, de religião, de opinião política ou outra, de origem nacional ou social, de fortuna, de nascimento ou de qualquer outra situação". Da mesma forma, a Constituição Federal, de 1988, estabelece, em seu artigo 5º, que "todos são iguais perante a lei, sem distinção de qualquer natureza".

Como podemos perceber, são muitos os fatores que fazem com que as organizações tenham que se desdobrar em gerir a diversidade cultural existente em seus quadros funcionais, sejam por questões legais ou por simplesmente acompanhar as tendências mundiais que valorizam e apontam a diversidade como diferencial competitivo e como caminho ético a seguir no trato com as pessoas. O importante é estabelecer, nas práticas internas cotidianas das empresas de qualquer natureza, que todos serão vistos e respeitados como iguais e que o acesso a novas oportunidades de aprendizagem e crescimento serão ofertados a todos os inúmeros grupos sociais existentes, independentemente de suas posições identitárias.

Fique atento

Saiba que tomar decisões equivocadas nas quais se estabeleçam práticas internas de gestão de pessoas que privilegiem alguns grupos pode ser encarado como atitudes machistas, sexistas, homofóbicas ou racistas, e que podem vir a se tornar, inclusive, ações trabalhistas envolvendo crime racial ou de assédio moral. Então, gestor de pessoas, cuide bem da diversidade em sua organização!

Link

Assista ao vídeo "Respeito à diversidade", de Mario Sergio Cortella, disponível em:

https://goo.gl/Bji4Ln

Saiba mais

Para ampliar seus conhecimentos sobre o tema diversidade, leia os artigos: "Políticas de diversidade nas organizações: uma questão de discurso?" e "Gestão da diversidade: além de responsabilidade social, uma estratégia competitiva", disponíveis nos links a seguir:

https://goo.gl/Xi7LCy

https://goo.gl/565VCc

Referências

BRASIL, Lei nº 8.213, de 24 de julho de 1991. *Casa Civil - Presidência da República*. Disponível em: <http://www.planalto.gov.br/ccivil_03/LEIS/L8213cons.htm>. Acesso em: 31 jan. 2018.

BRASIL. Lei nº 12.990, de 9 de junho de 2014. *Casa Civil - Presidência da República* . Disponível em: <http://www.planalto.gov.br/ccivil_03/_ato2011-2014/2014/lei/l12990.htm>. Acesso em: 13 mar. 2018.

CARVALHO-FREITAS, M. N. Inserção e gestão do trabalho de pessoas com deficiência: um estudo de caso. *Revista de administração contemporânea*, Curitiba, v. 13, edição especial, art. 8, p. 121-138, Junho, 2009.

COX JUNIOR, T. *Cultural diversity in organizations*: theory, research and practice. San Francisco: Berret-Koehler, 1994.

FLEURY, M. T. L. Diversidade cultural: experiências de empresas brasileiras. *Revista de administração de empresas*, São Paulo, v. 40, n.3, jul./set. 2000.

FREITAS, M. E. Assédio moral e assédio sexual: faces do poder perverso nas organizações. *Revista de administração de empresas*, São Paulo, v. 41, n. 2, p. 8-19, jun. 2001. Disponível em: <http://www.scielo.br/scielo.php?script=sci_arttext&pid=S0034-75902001000200002&lng=en&nrm=iso>. Acesso em: 28 fev. 2018.

GOMES, J. B. B. *Ação afirmativa e princípio constitucional da igualdade*: o direito como instrumento de transformação social: a experiência dos EUA. Rio de Janeiro: Renovar, 2001.

HIRIGOYEN, M.-F. *Le harcèlement moral*: la violence perverse au quotidien. Paris: Syros, 1998.

INSTITUTO ETHOS; BID. *Perfil social, racial e de gênero das 500 maiores empresas do Brasil e suas ações afirmativas*. Disponível em: <https://publications.iadb.org/bitstream/handle/ 11319/7606/Perfil_social_racial_genero_500empresas.pdf?sequence=1&isAllowed=y>. Acesso em: 6 fev. 2018.

LARAIA, R. B. *Cultura*: um conceito antropológico. 19. ed. Rio de Janeiro: Jorge Zahar, 2006.

MARTINEZ, V. P. R.; LIMONGI-FRANÇA, A. C. Diversidade e socialização nas organizações: a inclusão e permanência de pessoas com deficiência. In: Encontro da Associação Nacional de Pós-Graduação e Pesquisa em Administração (EnANPAD), 33., 2009, São Paulo. *Anais*... São Paulo: Anpad, 2009.

NKOMO, S. M.; COX JUNIOR, T. Diversidade e identidade nas organizações. In: CLEGG, S.; HARDY, C.; NORD, W. *Handbook de estudos organizacionais*. São Paulo: Atlas, 1999.

ONU. *Nascidos livres e iguais*: orientação sexual e identidade de gênero no regime internacional dos direitos humanos. Brasília, 2013. Disponível em: <http://www.ohchr.org/ Documents/Publications/BornFreeAndEqualLowRes_Portuguese.pdf>. Acesso em: 7 fev. 2018.

SANCHEZ, W. L. *Pluralismo religioso*: as religiões no mundo atual. São Paulo: Paulinas, 2005. (Coleção Temas do Ensino Religioso).

Leituras recomendadas

DINIZ, A. P. R. *et al.* Políticas de diversidade nas organizações: as relações de trabalho comentadas por trabalhadores homossexuais. *Economia & gestão*, Belo Horizonte, v. 13, n. 31, p. 93-114, 2013. Disponível em <http://200.229.32.55/index.php/economiaegestao/article/ view/P.1984-6606.2013v13n31p93>. Acesso em: 13 mar. 2018.

HANASHIRO, D. M. M.; CARVALHO, S. G. Diversidade cultural: panorama atual e reflexões para a realidade brasileira. *Revista eletrônica de administração*, Porto Alegre, v. 11, n. 5, p. 1-21, set./out. 2005. Disponível em: <http://www.redalyc.org/html/4011/401137448001/>. Acesso em: 13 mar. 2018.

MYERS, A. O valor da diversidade racial nas empresas. *Estudos afro-asiáticos*, Rio de Janeiro, v. 25, n. 3, 2003. Disponível em: <http://www.scielo.br/scielo.php?pid=S0101-546X2003000300005&script=sci_arttext&tlng=ES>. Acesso em: 13 mar. 2018.

Cultura organizacional

Objetivos de aprendizagem

Ao final deste texto, você deve apresentar os seguintes aprendizados:

- Reconhecer os conceitos de cultura organizacional e os principais aspectos envolvidos nestas definições.
- Compreender de que maneira o comportamento das pessoas é afetado pela cultura organizacional.
- Identificar os principais elementos da cultura organizacional para que se possa, enquanto gestor, gerenciar cada um deles.

Introdução

Neste capítulo, você estudará os diferentes conceitos de cultura organizacional, assim como os elementos que a compõem. Também compreenderá de que forma ela pode afetar o ambiente de trabalho e em quais elementos os gestores precisam focar sua atenção, de forma a conduzir sua gestão da melhor maneira possível ou, até mesmo, promover alguma mudança organizacional.

Cultura organizacional e seus conceitos

Muitos são os estudos e pesquisas relacionados à cultura, seja na área da antropologia ou da psicologia. No ambiente empresarial, o conceito de cultura organizacional se tornou um foco de observação importante para a gestão das empresas.

Trata-se de um assunto complexo e que ao mesmo tempo pode ter diferentes conceitos, dependendo do pesquisador. Alguns exemplos de conceito de cultura organizacional: Cultura organizacional é um conjunto de crenças, costumes, valores e formas de fazer negócios, peculiar a cada empresa e, que define um padrão para as atividades, decisões e ações da empresa (LACOMBE, 2005)". "A cultura é a argamassa social que ajuda a manter a organização coesa, fornecendo os padrões adequados para aquilo que os funcionários vão fazer ou dizer (ROBBINS, 2002).

> Cultura Organizacional é o padrão de suposições básicas que um dado grupo inventou, descobriu ou desenvolveu ao aprender a lidar com seus problemas de adaptação externa e integração interna e que funcionou bem o suficiente para ser considerado válido e, portanto, para ser ensinado a novos membros como sendo a forma correta de perceber, pensar e sentir em relação àqueles problemas. (SCHEIN, 1984, p. 4).

Também é possível observar a cultura organizacional sob a ótica antropológica, que seria "[...] a rede de significações que circula dentro e fora do espaço organizacional, sendo simultaneamente ambíguas, contraditórias, complementares, díspares e análogas implicando ressemantizações que revelam a homogeneidade e a heterogeneidade organizacionais"(CAVEDON, 2000, p.33–34). Esse tipo de abordagem contribui para a área de administração sob o ponto de vista de exploração dos significados, principalmente para o senso comum. Esse enfoque ajuda a compreender de forma mais completa as pessoas que compõem um grupo, facilitando a interpretação dos significados em âmbito organizacional.

A antropologia apresenta o lado humano do convívio entre diferentes pessoas, pois mesmo que elas estejam em um ambiente empresarial, cada uma traz consigo uma rede de significados construída ao longo de sua jornada pessoal e de outras experiências profissionais anteriores. Os sentimentos e as emoções são também considerados nesse tipo de abordagem, pois refletem o comportamento das pessoas dentro de uma empresa.

Como a maioria dos estudos acerca da cultura organizacional está focada no aspecto gerencialista, o que muito se tem pesquisado é a respeito do "controle" da cultura organizacional e até que ponto ela é totalmente administrável pelos gestores para controlar o comportamento e o desempenho de seus funcionários. De fato, existem muitos fatores que influenciam direta ou indiretamente a forma de agir dos funcionários dentro de uma organização, pois a cultura de uma empresa acaba por caracterizá-la, proporcionando identidade aos seus membros e até mesmo à empresa em geral.

A cultura organizacional também pode ser determinante para manter uma empresa de forma coesa, por meio da orientação de padrões de comportamento, como alinhamento ou ajustes nas atitudes dos trabalhadores da organização. No entanto, na maioria dos casos, a gestão de pessoas encontra desafios nessa orientação, talvez por não compreender o comportamento de seus funcionários e visualizar de que forma os diferentes comportamentos podem influenciar na cultura organizacional.

Comportamento humano nas organizações

Por comportamento humano, podemos compreender as atitudes de cada pessoa diante de determinadas situações. No ambiente de trabalho, são muitas as influências que podem afetar um funcionário, seja o próprio ambiente, em termos físicos, como luminosidade, mobília disponível para o desenvolvimento de seu trabalho e disposição das áreas onde tem contato em seu dia a dia; seja alguns fatores comportamentais, como a maneira com que seu gestor lhe transmite orientações e o modo como as pessoas se relacionam nesse ambiente de trabalho – de maneira respeitosa ou não.

Em alguns momentos, até mesmo influências externas podem afetar o desempenho de uma pessoa. Podemos citar problemas políticos atuais de uma sociedade, crises financeiras que uma empresa possa estar enfrentando, problemas particulares pelos quais um funcionário possa estar passando, como divórcio, morte de algum parente próximo, etc.

Saiba mais

Entre os anos de 1927 e 1932, em uma fábrica de telefones chamada Western Eletric Company – no bairro de Hawthorne, Chicago, Estados Unidos, aconteceu a experiência de Hawthorne que marcou a Teoria das Relações Humanas. Essa experiência visava identificar a influência de fatores físicos/ambientais com relação à produtividade de seus trabalhadores. Leia mais no texto de Felipe Bezerra no link abaixo.

https://goo.gl/PijmqF

Desse modo, podemos pensar que o comportamento das pessoas é afetado pela cultura, porém, ao mesmo tempo, é também o que "forma" essa cultura. Cada trabalhador traz consigo as suas influências pessoais, que se misturam às características do grupo em que ele está inserido. É normal, por exemplo, os membros de uma equipe não saberem quais os elementos da cultura organizacional em que estão inseridos quando já trabalham há algum tempo em uma mesma empresa. É diferente para uma pessoa que acaba de ingressar em uma organização, na qual ela poderá se sentir imediatamente confortável ao se deparar com os elementos culturais, porém, pode acontecer o contrário, e um funcionário pode trabalhar durante algum tempo em uma empresa e mesmo assim não se sentir envolvido por seus valores, nem aceitar as normas daquele ambiente de trabalho.

Diante dessas questões, os gestores de uma empresa devem estar atentos aos aspectos que podem ter alguma influência para sua equipe, assim como outros que nem sempre serão tão facilmente compreendidos ou geridos, como as influências externas. No entanto, é de responsabilidade da gestão da empresa, principalmente da gestão de pessoas, estar atenta e em contato com seus funcionários para minimizar aspectos negativos no ambiente de trabalho e, assim, promover um ambiente tranquilo e saudável.

Clima organizacional

É grande a variedade de influências que uma pessoa pode receber em seu dia a dia, porém, nem sempre esses aspectos estão visíveis. Por isso, a gestão de pessoas utiliza a pesquisa de clima organizacional para compreender algumas questões mais objetivas, relacionadas à satisfação das pessoas com diversos aspectos da empresa e de seu trabalho.

Contudo, primeiramente, vamos entender a diferença entre cultura organizacional e clima organizacional, apresentada no Quadro 1.

Quadro 1. Diferenças entre Cultura Organizacional e Clima Organizacional.

	Cultura organizacional	**Clima organizacional**
O que é?	Código de conduta (normas, valores, crenças) que orienta funcionários acerca de seu modo de agir, fazendo com que se sintam parte daquela organização.	É o resultado de como os funcionários absorvem as práticas, as políticas, a estrutura, os processos e sistemas da empresa e sua reação diante de todas essas condições (ou seja, é o que os funcionários pensam de uma empresa).
Sua importância em uma empresa	Alicerce para eventuais mudanças (sejam elas positivas ou negativas), pois é o que forma os valores de uma empresa. Muitas vezes pode servir como foco para decisões.	Serve como termômetro para compreender como os funcionários enxergam as empresas e, desse modo, pode atuar em aspectos negativos, minimizando problemas ou evitando alguns futuramente.
Caráter com relação à temporalidade	Permanente — não é um aspecto da empresa que muda de um dia para o outro, pois é nele que se encontram valores enraizados e crenças construídas, muitas vezes, durante anos. Caso existam mudanças, elas serão lentas e exigirão tempo para elaboração e assimilação das pessoas inseridas nela.	Momentâneo — sofre mudanças constantes, pois recebe influências de muitos fatores, tanto do ambiente físico da empresa como dos comportamentos individuais de membros da equipe.

O que se pode concluir é que a cultura organizacional influencia diretamente o clima organizacional, pois é a partir dos elementos da cultura que os funcionários de uma organização reagem. Essa reação se mostra por meio das ações dos funcionários, sejam elas relacionadas diretamente ao trabalho ou não. Um exemplo disso é a percepção quanto à motivação dos funcionários, que se trata de um fator a ser considerado e investigado. A gestão de pessoas, aplicando uma pesquisa de clima organizacional, pode descobrir os motivos pelos quais os funcionários podem estar se sentindo desmotivados. Os resultados dessa pesquisa podem ajudar a empresa a agir diretamente em algum elemento da cultura organizacional que possa estar influenciando o comportamento dos funcionários, por exemplo, alguma norma mal compreendida ou algum valor que sempre foi indicado como importante pelos diretores da empresa, mas que não fazem sentido para a empresa em geral.

> **Link**
>
> A empresa pode estar tentando modificar os aspectos da cultura organizacional, no entanto, realizando ações referentes ao clima organizacional. Assista a este pequeno vídeo em que são demonstrados alguns exemplos de ações:
>
> **https://goo.gl/zavHdo**

Elementos da cultura organizacional

Para compreender melhor essas influências organizacionais, é importante esclarecermos quais os elementos que compõem uma cultura organizacional. Os elementos podem ser esclarecidos como:

1. artefatos;
2. normas e valores;
3. pressupostos.

A Figura 1 apresenta os níveis dos elementos da cultura organizacional.

```
┌─────────────────┐
│    Artefatos    │         Estrutura e processo visíveis da organização
└─────────────────┘
        ↕
┌─────────────────┐
│   Valores de    │         Estratégias, metas e filosofias
│     suporte     │              (justificativas de suporte)
└─────────────────┘
        ↕
┌─────────────────┐         Inconscientes, crenças mais significativas,
│  Pressuposições │         percepção, pensamento e sentimentos
│   básicas de    │         (determinadores de valores e ação).
│     suporte     │
└─────────────────┘
```

Figura 1. Níveis da cultura organizacional.
Fonte: Schein (1992, p. 17).

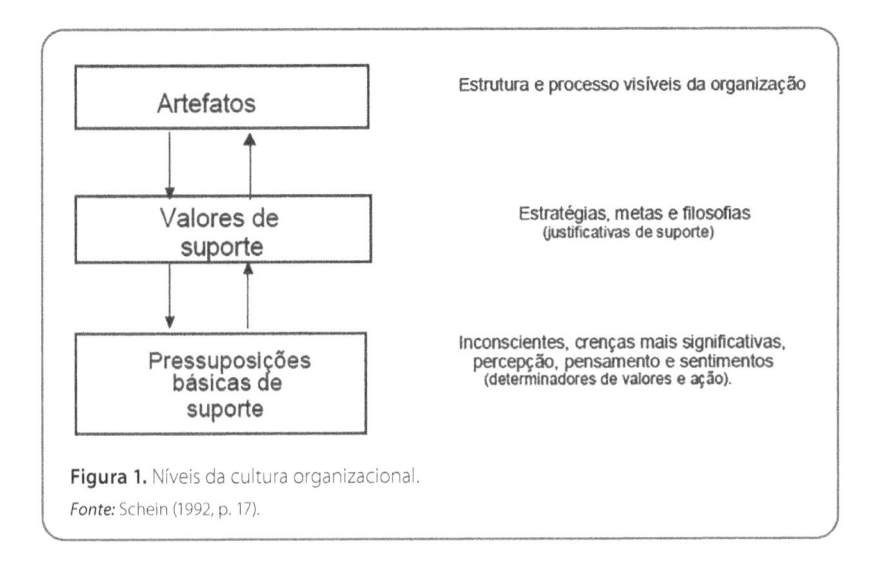

O primeiro nível refere-se aos fatores visíveis da organização, ao que se pode enxergar, mas nem sempre é facilmente decifrável. Esses **artefatos** podem ser compreendidos como:

- **Manifestações físicas:** uniforme, móveis, utensílios de trabalho, ferramentas, cores da logo da empresa, etc.
- **Manifestações comportamentais:** padrões de comunicação (e-mails, comunicados internos), rituais, cerimônias, recompensas, punições, etc.
- **Manifestações verbais:** jargões, apelidos, mitos, histórias, etc.

O segundo nível se refere aos **valores** da organização como um todo. Tanto os valores locais como os valores de cada indivíduo são expressos na empresa e podem ser identificados a partir de conversas e entrevistas, ambos se referem ao que é importante para cada pessoa. Já as **normas** estão associadas aos valores, elas são as regras que geralmente não são escritas e que permitem aos membros de uma cultura saberem o que é esperado deles em determinado tipo de situação.

- **Normas:** não conversar paralelamente em uma reunião de trabalho; tratar seus colegas de trabalho com respeito e educação; sempre informar seu gestor a respeito de problemas potenciais.
- **Valores:** decisões no ambiente de trabalho, refletindo quais são os seus valores pessoais, seja o respeito pelo cliente ou a valorização pelo ganho financeiro.

Nesse nível da cultura organizacional, podemos destacar a necessidade de socialização de novos funcionários. Ao ingressar em uma empresa, o indivíduo está diante de um desafio ao se deparar com os valores culturais da organização, principalmente quando esses valores não combinam com os seus pessoais. Essa necessidade de socialização também pode acontecer quando novos grupos ou equipes são criados dentro de uma empresa, seja por alguma mudança de setor ou para algum projeto específico. Essa interação em um novo grupo, em algum momento, acaba por refletir os valores pessoais dos funcionários, pois decisões deverão ser tomadas e, assim, quando as primeiras soluções são apresentadas, elas refletem as premissas individuais de alguns membros do grupo a respeito do que é certo ou errado fazer.

Em momentos de decisão, é possível identificar alguns líderes, pois eles se destacam no trabalho de buscar soluções para algum problema latente. Nessas situações, sejam quais forem as propostas, eles só terão *status* de valor diante de todo o grupo até que sejam realizadas as ações e observados seus efeitos.

Por exemplo, se em uma empresa as vendas estão em declínio, o gerente comercial pode sugerir o aumento do investimento em marketing, pois acredita que assim as vendas aumentarão. Dessa maneira, os membros da área comercial, por não terem tido outra experiência igual anteriormente, entenderão que a ação do gerente foi uma declaração do que ele acredita ser importante. Apesar de haver a possibilidade de a proposta dele ser questionada ou debatida, se o gerente convenceu o grupo a respeito da validade dessa solução e ela tiver sucesso, o valor percebido de que o marketing aumenta as vendas inicia um processo de transformação cognitiva.

No último e mais profundo dos níveis, estão os pressupostos, também considerados como crenças. De acordo com Schein (1984), esse nível forma o coração da cultura de uma empresa. Os pressupostos existem além da consciência coletiva, são elementos invisíveis e de difícil identificação nas interações entre os funcionários de uma empresa.

Geralmente, os pressupostos representam o que os funcionários acreditam a respeito de determinado assunto, como realidade para eles, e isso reflete nos aspectos culturais da organização. Uma crença se torna uma verdade incontestável para os membros de um grupo e influencia em todos os aspectos da cultura organizacional, assim como as formas de experiência dos indivíduos, pois afeta a maneira como eles pensam e agem.

Um exemplo simples seria o início de uma reunião ou evento em uma empresa começar sempre após o horário estipulado, possivelmente a causa para esse início atrasado se baseia no pensamento dos funcionários: "Vou chegar atrasado porque aqui as pessoas não são pontuais!", o que impede a pontualidade da maioria das pessoas e gera insatisfação naqueles que são pontuais. Desse modo, é possívenl questionar até que ponto essa crença pode influenciar em projetos mais importantes, como na entrega de algum serviço a um cliente em específico, pois elas podem impactar negativamente no resultado da empresa.

Em suma, para a gestão de uma empresa, é necessário estar atento às manifestações desses elementos culturais, porque muitas vezes a solução para algum problema de relacionamento, por exemplo, está sendo manifestado por meio de seus artefatos. Se esses elementos não são assim tão visíveis, cabe à gestão de pessoas planejar uma pesquisa de clima organizacional e organizar entrevistas complementares para identificar os valores e as crenças compartilhadas pelos membros da empresa. Nem sempre esses aspectos são de fácil identificação e gerenciamento, mas vale o esforço das áreas responsáveis, para que uma empresa não sofra com problemas de relacionamento interno, alto *turnover*, alto índice de absenteísmo e outros problemas que podem ser evitados.

Fique atento

Na gestão de pessoas, forçar a inserção de um elemento na cultura organizacional pode ter efeito contrário do que se esperava, por isso, é preciso realmente conhecer os funcionários da organização, quais são seus valores pessoais e se eles estão de acordo com os valores da empresa.

Referências

CAVEDON, N. R. *Administração de toga* : desvendando a cultura organizacional da UFRGS e da UNISINOS. 2000. 348f. Tese (doutorado) - Universidade Federal do Rio Grande do Sul. Escola de Administração. Programa de Pós-Graduação em Administração, Porto Alegre, BR-RS, 2000. Disponível em: <http://hdl.handle.net/10183/2218>. Acesso em: 25 fev. 2018.

LACOMBE, F. J. M. *Recursos humanos:* princípios e tendências. São Paulo: Saraiva, 2005.

ROBBINS, S. *Comportamento organizacional.* São Paulo: Pearson, 2002.

SCHEIN, E. H. Coming to a new awareness of organizational culture. *Sloan Management Review*, v. 25, n. 2, jan. 1984.

Leituras recomendadas

ARENDT, E. Qual a diferença entre clima e cultura organizacional? [201?]. Disponível em: <http://g4rh.com.br/blog/qual-diferenca-entre-clima-e-cultura-organizacional/>. Acesso em: 20 jan. 2018.

BEZERRA, F. PORTAL ADMINISTRAÇÃO. *A experiência de Hawthorne de Elton Mayo.* 2017. Disponível em: <http://www.portal-administracao.com/2017/10/experiencia-de-hawthorne-elton-mayo.html>. Acesso em: 20 jan. 2018.

CAVEDON, N. R. *Antropologia para administradores*. Porto Alegre: Editora da UFRGS, 2008.

FERREIRA, M. L.; COUTO, S. J. G.; SILVA, I. G.; COREIA, L. A.; FURTADO, R. A. EnANPAD 2013 - Cultura organizacional: a percepção dos empregados do banco ABCD sobre os valores transmitidos pela cultura dominante. In:ENANPAD, 37., 2013, Rio de Janeiro. *Anais eletrônicos*, Rio de Janeiro, ANPAD, 2013. Disponível em: <http://www.anpad.org.br/admin/pdf/2013_EnANPAD_EOR1514.pdf>. Acesso em: 17 jan. 2018.

Liderança

Objetivos de aprendizagem

Ao final deste texto, você deve apresentar os seguintes aprendizados:

- Identificar o conceito de liderança a partir de diversas teorias apresentadas.
- Diferenciar "liderança" de "gestão".
- Avaliar a influência de cada estilo de liderança no desempenho das pessoas numa organização.

Introdução

Diversas são as abordagens, os estilos e as teorias a respeito da liderança, por isso, é relevante conhecer a diferença entre esses conceitos para compreender como um líder pode influenciar as relações internas à empresa. Diferenciar liderança de gestão também se torna importante, já que na prática gestores nem sempre são líderes.

Neste capítulo, você conhecerá os conceitos de liderança a partir das diferentes teorias existentes, assim como avaliará de que forma os estilos de liderança podem influenciar o desempenho das pessoas em uma organização.

Teorias da liderança

Os estudos acerca de liderança, inicialmente, se baseavam na ideia de que havia um perfil específico para se tornar um líder, até as ideias mais contemporâneas de que é necessário alinhar os liderados com a estratégia organizacional. Para melhor compreender essa evolução de conceitos sobre liderança, trataremos de cada uma das cinco abordagens a seguir:

1. abordagem da personalidade;
2. abordagem comportamental;

3. abordagem situacional e contingencial;
4. abordagem transacional;
5. abordagem transformacional.

Abordagem da personalidade ou teoria dos traços

Mais conhecida como teoria dos traços, essa abordagem ficou conhecida, pois se baseava na tentativa de identificar características físicas, mentais e culturais de um líder. Nela, acreditava-se que um líder possuía um conjunto de características específicas que o tornavam mais capaz de executar suas tarefas. Para identificar essas características, na época, os pesquisadores se baseavam primeiramente em comparar as características das pessoas que se revelavam como líderes, com as das demais pessoas de um grupo, vistas como "comuns", e para complementar, comparavam as características de líderes vistos como eficazes com as dos líderes ineficazes.

Com o tempo, essa abordagem perdeu sua importância, pois somente o estudo das características e suas combinações não era suficiente para compreender a liderança. Os fatores externos não eram considerados nessa teoria e isso contribuiu para o surgimento da próxima abordagem.

Abordagem comportamental

As teorias comportamentais foram desenvolvidas pelos pesquisadores que enfatizaram dois tipos de liderança: a autocrática, centrada na tarefa; e a democrática, centrada nas pessoas. Em vez de considerar características do perfil de um líder, considerava-se padrões de comportamentos adotados pelos líderes.

Para a liderança autocrática, relacionada aos modelos clássicos de administração, cabia à administração que as tarefas fossem realizadas com eficiência. Já para a liderança democrática, o foco era nas pessoas, sendo que a administração deveria se preocupar com seus subordinados e em como o trabalho seria desenvolvido em equipe.

Abordagem situacional ou contingencial

De forma complementar à teoria comportamental, a abordagem contingencial buscou identificar as variáveis situacionais que também são relevantes quando se trata de liderança, assim como qual seria o estilo de liderança ideal para cada tipo de situação. Entre todos os estilos, essa abordagem cita as seguintes variáveis:

- a personalidade e a experiência anterior do líder;
- as expectativas e o comportamento dos superiores;
- as características, as expectativas e o comportamento dos subordinados;
- as exigências das tarefas;
- a cultura e as políticas da organização e as expectativas e o comportamento dos pares.

Muitos foram os estudos de pesquisadores, mas, neste caso, podemos citar a Teoria do Ciclo Vital da Liderança, elaborado pelos autores Hersey e Blanchard (1969). Esse estudo sugere que o estilo de liderança varia de acordo com a maturidade dos subordinados em relação à tarefa a ser realizada, ou seja, que cada pessoa teria sua capacidade e vontade de assumir seu próprio direcionamento profissional.

Abordagem transacional

Essa teoria considera a troca entre líderes e liderados, no sentido de que a liderança poderia ocorrer por meio de uma recompensa, na qual, os liderados receberiam promoções ou aumento de salários, por exemplo, ao concluírem suas tarefas. Nesse sentido, cabe ao líder se esforçar pelos desejos de seus liderados, que nem sempre são recompensas materiais, podendo até mesmo ser um trato político ou psicológico.

Abordagem transformacional

A mais atual das abordagens, a transformacional analisa o comportamento organizacional do líder durante um período de transição e a forma como ele faz os membros de seu grupo "enxergarem" um objetivo futuro. Essa habilidade de envolver seus liderados é importante na questão do comprometimento da equipe, pois essa abordagem é focada no alinhamento dos liderados com a estratégia organizacional. Outra contribuição dessa teoria seria a compreensão das organizações de forma menos hierárquica e mais flexível, porque elas estariam orientadas para o trabalho em equipe.

> **Saiba mais**
>
> Uma das teorias famosas de liderança é a Grid Gerencial, também chamada de Grade Gerencial, que se trata de um modelo de desenvolvimento de lideranças e gestão criado pelos estudiosos Robert R. Blake e Jane S. Mouton. Segundo Blake e Mouton (1964), o Grid seria um conjunto de teorias a respeito de como os líderes utilizam a sua inteligência e suas habilidades para trabalhar com pessoas e obter resultados por meio delas. A teoria parte do pressuposto que se uma organização busca bons resultados, ela precisa gerenciar de forma eficaz três elementos: os objetivos, os profissionais e a hierarquia organizacional.

Desse modo, é possível compreender as diferentes contribuições para o desenvolvimento dos estudos de liderança e entender que não existe uma fórmula ou um conjunto de características específicas para um líder exemplar. Fatores externos também devem ser considerados, como composição das equipes lideradas, natureza do negócio em que o líder está atuando, etc.

Tratando-se de conceitos contemporâneos, também são inúmeras as contribuições e entendimentos a partir de diferentes autores. Para Terry (1962), a liderança está na capacidade de influenciar pessoas, fazendo-as executar voluntariamente os objetivos estabelecidos pelo grupo. Já De Pree (1989) considera a liderança uma arte de "livrar as pessoas para cometerem o que se exige delas de jeito mais eficiente e humano possível".

Na visão de Kaplan e Norton (2004), o líder é o indivíduo que produz resultados que afetam o desempenho financeiro da empresa, movimenta e norteia o processo de mudança. Para esses autores, a liderança pode ser analisada a partir da avaliação de seus seguidores, conforme eles conseguem atingir seus resultados almejados. Já para Senge (2006), assumir o papel de líder não é ensinar as pessoas a como alcançar suas visões, mas, sim, estimular a aprendizagem para todos.

Diante de tantas contribuições, se torna quase impossível trazer todas as citações e os conceitos a respeito de liderança, mas é relevante ainda citar Bergamini (1994), que entende que em grande parte das definições de liderança é comum a presença de dois elementos chave:

- liderança como um aspecto de grupo no qual os traços de um determinado indivíduo acabam por colocá-lo em evidência;
- liderança como influência, baseado na capacidade de um indivíduo de obter seguidores para aquilo que ele almeja.

As teorias contemporâneas trazem cada vez mais a ideia de que um líder deve se tornar um servidor da organização e dos seus membros. Além de realizar atividades inerentes à função, como orientar, planejar, avaliar e inspirar, ele deve se manter na direção dos objetivos e das metas organizacionais, ter a capacidade de delegar poderes, confiar em sua equipe e dar espaço, cada vez maior, para a iniciativa do seu grupo. Alguns estudos ainda defendem que é cada vez mais obsoleta a equiparação entre habilidades de liderança e posição hierarquicamente ocupada.

Um gestor é necessariamente um líder?

É comum confundirem liderança com gestão, no entanto, deve-se diferenciar esses dois elementos da administração, assim como elencar algumas características entre um líder e um gestor. Primeiramente, a gestão está focada no alcance de objetivos por meio da elaboração de planos e da monitoração de seus resultados; quanto à liderança, podemos considerar que ela está focada na capacidade de influenciar um grupo em direção ao alcance de objetivos. A liderança não se reduz ao cargo ocupado, mas de que forma as pessoas exercem esse "poder", por isso, nem sempre um gestor é um líder.

Enquanto o gestor está mais direcionado às atividades, o líder está mais interessado nas pessoas e de que forma ele irá desenvolver e guiar sua equipe para atingir um resultado que almeja, fazendo o grupo também passar a se interessar.

Para melhor compreender as diferenças entre esses dois papéis organizacionais, é possível visualizar no Quadro 1 alguns pontos importantes:

Quadro 1. Diferenças entre gestor e líder.

Gestor	Líder
Ordena	Solicita
Conduz	Treina
Impõe seu ponto de vista	Está aberto para sugestões
Controla as atividades	Confia ao delegar funções
É paternalista (protege uns e persegue outros)	Presta atenção em cada um dos seus subordinados (sabe explorar as habilidades)
É autoritário	É democrático
Comanda	Pergunta
Usa as pessoas	Desenvolve as pessoas
Cria um clima negativo de segurança e ameaça	Conquista a credibilidade por meio da admiração e do respeito mútuos
Gera medo	Inspira
Tem dificuldades para se expressar	Comunica-se bem

Fonte: Marques *apud* Iannini (2000).

Mesmo que a ideia seja contar com o trabalho de um líder ideal em todas as áreas de uma empresa, por vezes, se faz necessário conciliar com o papel de gestor. Muitas vezes, por conta da natureza das atividades de um setor ou empresa, é necessário focar nas atividades e, ao mesmo tempo, saber desenvolver as pessoas. O responsável por uma equipe precisa entender qual é o papel de sua equipe diante de toda a organização e, dessa forma, saber como atuar, em alguns momentos mais como gestor, e em outros como líder.

Seja qual for a postura diante de sua equipe, o gestor tem o papel de favorecer o desenvolvimento das pessoas, pois, acontecendo isso, a tendência é que a equipe e a empresa também se desenvolvam. Para que isso aconteça, o gestor deve estruturar suas ações de modo que os funcionários tenham as ferramentas básicas para alcançar os melhores resultados e encontrem satisfação naquilo que estão fazendo.

Além de satisfação, o gestor, atuando como líder, deve contribuir para o crescimento pessoal e organizacional dos membros de sua equipe, seja por meio de treinamentos, de programas de avaliação e acompanhamento, de inspiração para o alcance de resultados, de estímulo à autonomia e de participação nas estratégias da empresa. Desse modo, as pessoas se sentem parte do negócio, trabalhando por objetivos comuns e não vislumbrando somente o lado econômico e lucrativo da organização.

> **Link**
>
> De maneira simples, o vídeo disponível no link a seguir enfatiza as principais diferenças entre gestor e líder, concluindo que o ideal seria a conciliação entre os dois papéis pelos gestores de uma empresa:
>
> https://goo.gl/xAwTs9

Estilos de liderança e suas influências

De modo geral, podemos considerar que são três os estilos de liderança: autocrático, democrático e liberal (*Laissez-Faire*). Você verá no Quadro 2 um resumo de suas principais características.

Quadro 2. Os três estilos de liderança.

Autocrático	Democrático	Liberal (*Laissez-Faire*)
Apenas o líder fixa as diretrizes, sem qualquer participação do grupo.	As diretrizes são debatidas pelo grupo, que é estimulado e assistido pelo líder.	Há liberdade completa para as decisões grupais ou individuais, com participação mínima do líder.
O líder determina as providências e as técnicas para a execução das tarefas, cada uma por vez, à medida que se tornam necessárias e de modo imprevisível para o grupo.	O próprio grupo esboça as providências e as técnicas para atingir o alvo, solicitando aconselhamento técnico ao líder quando necessário, passando este a sugerir duas ou mais alternativas para o grupo escolher. As tarefas ganham novas perspectivas com os debates.	A participação do líder no debate é apenas fornecer material variado ao grupo, esclarecendo que pode fornecer informações específicas, desde que sejam solicitadas.
O líder determina qual a tarefa que cada um deve executar e qual o seu companheiro de trabalho.	A divisão das tarefas fica a critério do próprio grupo, e cada membro tem liberdade de escolher os seus companheiros de trabalho.	Tanto a divisão das tarefas, como a escolha dos companheiros, fica totalmente a cargo do grupo. Absoluta falta de participação do líder.
O líder é dominador e "pessoal" nos elogios e nas críticas ao trabalho de cada membro.	O líder procura ser um membro normal do grupo, em espírito, sem encarregar-se muito de tarefas. O líder é "objetivo" e limita-se aos "fatos" em suas críticas e elogios.	O líder não faz nenhuma tentativa de avaliar ou regular o curso dos acontecimentos. O líder somente faz comentários irregulares sobre as atividades dos membros quando perguntado.

Fonte: adaptado de Drucker (2006).

Diante de cada estilo diferente de se portar, podemos concluir que um líder influenciará de modo distinto o ambiente de trabalho, o desempenho das pessoas e o desenvolvimento das atividades em uma empresa. Comecemos a análise pelo estilo autocrático, em que o líder centraliza as decisões, não abrindo espaço para a criação ou a troca de ideias dentro de uma equipe, o que pode frustrar alguns membros, dependendo de suas características profissionais. A maneira de se comunicar desse estilo de liderança também pode ser um problema, pois não há abertura para a delegação de tarefas, e sim ordens, sendo que a equipe deve executar, sem argumentar ou contribuir com sugestões.

Atualmente, é difícil visualizar uma organização que ainda possua esse estilo de liderança, porém, pode-se encontrar em empresas sem preocupação na sua profissionalização ou mesmo sem compreender a importância que as pessoas possuem para seu negócio. Grupos submetidos a esse estilo podem apresentar sinais de tensão no desenvolvimento de suas atividades, agressividade nos relacionamentos interpessoais e, geralmente, apresentam insatisfação e falta de motivação na execução de seu trabalho.

Já no estilo democrático, você pode enxergar diversos pontos positivos: o líder interage bem com a equipe, encoraja a participação das pessoas e se preocupa com o trabalho como um todo. Como o líder é bastante participativo e apoia a equipe na tomada de decisões, gera um relacionamento saudável no grupo, em termos de confiança mútua, e estimula um ambiente satisfatório de trabalho. Em geral, os grupos que têm presente esse tipo de líder apresentam uma qualidade melhor em seu trabalho, pois há comprometimento e responsabilidade no desenvolvimento das atividades.

Para o estilo liberal, a palavra-chave é "liberdade". O líder deixa o grupo livre para a tomada de decisões, tanto individual como grupal, participando somente quando é solicitado. Isso faz o grupo se sentir completamente responsável pelo trabalho que está desenvolvendo, pois o líder acredita que ele é maduro o suficiente para isso e confia totalmente na execução das atividades por cada membro da equipe. Tudo isso parece ser muito positivo, no entanto, a falta de acompanhamento do líder pode gerar desagregação da equipe e fortes sinais de individualismo pelos componentes. Além disso, o grupo pode apresentar insatisfação, e o líder pode até mesmo ser ignorado devido à falta de acompanhamento e de interação com a equipe.

Além desses três estilos, é relevante citar o *coaching* como uma forma emergente de se liderar. Esse termo, que significa treinador na língua inglesa, vem conquistando espaço entre os gestores, principalmente na gestão de pessoas. Resumidamente, o foco está nos liderados, sendo que o líder demonstra um verdadeiro interesse pelo aumento da performance de cada membro da sua equipe. Por meio de *feedback* constantes, o líder incentiva as pessoas a se manterem motivadas e alinhadas às atividades. Em geral, o clima de trabalho é muito saudável, pois existe um espírito de cooperação e confiança entre os componentes do grupo. Além disso, o líder estimula uma visão positiva a respeito do futuro, envolvendo cada indivíduo e primando pelos desempenhos individuais como forma de alcançar as metas grupais.

Dessa forma, pode-se concluir que, para cada postura de liderança, serão obtidos resultados diferentes. Cada estilo de liderança promove um clima de trabalho e isso afeta diretamente os desempenhos individuais que, por sua vez, afetam o resultado do grupo.

É importante que o gestor saiba a diferença entre esses estilos de liderança e sempre considere as tarefas a serem executadas, as pessoas que compõem a equipe e a situação em que se encontra a equipe, até mesmo a empresa. No entanto, não existe uma forma correta ou incorreta de se liderar, mas, sim, adequada, ou seja, é preciso que o gestor se ajuste à realidade.

Fique atento

Nem sempre o líder de um grupo é o profissional que está no cargo de maior responsabilidade, pois existem situações em que o gestor de uma equipe ou um projeto não sana as necessidades de liderança. Isso pode auxiliar para que alguma liderança interna do grupo emerja e seja legitimada por ele. Por um lado, essa situação pode ser saudável para o grupo que está trabalhando para um objetivo único, encontrando confiança e apoio nesse profissional escolhido, mas, por outro, pode gerar conflitos internos com relação ao responsável pela equipe frente à administração da empresa.

Referências

BERGAMINI, C. Liderança: a administração do sentido. *Revista de Administração de Empresas*, São Paulo, v. 34, n. 3, maio/jun. 1994, p. 102-114.

BLAKE, R.; MOUTON, J. *The managerial grid*: the key to leadership excellence. Houston: Gulf Publishing Co., 1964.

DE PREE, M. *Liderar é uma arte*. São Paulo: Nova Cultural, 1989.

DRUCKER, P. F. *O líder do futuro*. São Paulo: Futura, 1996.

HERSEY, P; BLANCHARD, K. *Management of organizational behavior*. Englewood Cliffs: Prentice-Hall, 1969.

IANNINI, P. P. *Chefia e liderança:* capacitação gerencial. Viçosa: Aprenda Fácil, 2000.

KAPLAN, R. S.; NORTON, D. P. *Mapas estratégicos: balanced scorecard - convertendo ativos intangíveis em resultados tangíveis*. Rio de Janeiro: Elsevier, 2004.

ROBBINS, S. Comportamento organizacional. São Paulo: Prentice-Hall, 2002.

SALVADOR, D. Conceitos de liderança que todos devem conhecer. *Administradores*, João Pessoa (PB), 7 set. 2010. Disponível em: <http://www.administradores.com.br/artigos/negocios/ conceitos-de-lideranca-que-todos-devem-conhecer/47927/>. Acesso em: 27 jan. 2018.

SENGE, P. M. *A quinta disciplina*: arte e prática da organização que aprende. Rio de Janeiro: Best Seller: 2006.

TERRY, G. R. *Principios de administración*. México (DF): Continental, 1962.

Leituras recomendadas

RAMOS, D. Mau chefe pode ser um problema para a saúde da empresa e do funcionário. *Gazeta do Povo*, Curitiba, 27 maio 2016. Disponível em: <http://www.gazetadopovo.com.br/ economia/pos-e-carreira/mau-chefe-pode-ser-um-problema-para-a-saude--da-empresa-e-do-funcionario-110gr98c2tqijwz6xm7eajksp>. Acesso em: 28 jan. 2018.

BENNIS, W. *A essência do líder*. Rio de Janeiro: Campus, 2010.

PEDRUZZI JUNIOR, A. *et al*. Liderança: evolução das suas principais abordagens teóricas. In: CONGRESSO NACIONAL DE EXCELÊNCIA EM GESTÃO, 10., 2014, Rio de Janeiro. *Anais...* Rio de Janeiro: Inovarse, 2014. p. 1-13. Disponível em: <http://www.inovarse.org/sites/default/files/T14_0282_0.pdf>. Acesso em: 24 jan. 2018.

Gestão por competências

Objetivos de aprendizagem

Ao final deste texto, você deve apresentar os seguintes aprendizados:

- Conceituar o processo de gestão por competências como modelo de gerenciamento de pessoas e processos.
- Identificar por meio dos conceitos teóricos a influência mútua entre competência individual e organizacional.
- Diferenciar o conceito de competência individual e organizacional.

Introdução

Neste capítulo, você entenderá do que se trata a gestão por competências e como funciona esse modelo de gerenciamento. A compreensão das competências organizacionais e individuais também se torna relevante, à medida que se entende a influência entre elas e com o que elas podem contribuir para o desenvolvimento das pessoas e dos processos dentro de uma organização.

Modelo de gerenciamento

As empresas estão em busca constante de modelos de gestão que tragam sempre melhores resultados e, ao mesmo tempo, as coloquem em uma posição de vantagem competitiva em relação ao mercado em que atuam. Pensar em um modelo de gerenciamento que atue diretamente com as pessoas e, por meio delas, alcance seus objetivos pode trazer muitas vantagens e um desenvolvimento permanente, tanto para os funcionários como para as organizações.

Segundo Dutra (2002), o conceito de competência foi proposto de forma estruturada pela primeira vez por McClelland (1973), na busca de uma abordagem mais efetiva do que os testes de inteligência nos processos de escolha de pessoas para as organizações. A gestão por competências surgiu da necessidade de alinhar e direcionar o que as pessoas têm de melhor, como forma de a empresa atingir suas metas e crescer. Para que isso aconteça, esse modelo de gerenciamento oferece instrumentos de análise para verificar o que a organização deve fazer para alcançar o que almeja.

Esse modelo de gerenciamento indica que, primeiramente, é necessário mapear as competências organizacionais da empresa e, em seguida, identificar as competências necessárias para a execução de cada tarefa específica (de acordo com as atividades e funções primordiais para o negócio). Somado a isso, é preciso identificar as competências individuais de cada um para realizar o cruzamento dessas informações e detectar as necessidades de treinamento e desenvolvimento das pessoas.

Contudo, antes disso, é imprescindível entender do que se tratam as competências individuais ou humanas, como muitos autores as chamam. Há várias publicações que se referem às competências individuais como a soma de conhecimentos, habilidades e atitudes, mais conhecida como CHA. Para Leme (2005), se entende da seguinte forma:

- o conhecimento é o saber, o que se estuda nas escolas, nos livros e na vida de forma geral, porém, nem tudo o que sabemos é colocado em prática;
- a habilidade é o saber fazer e colocar em prática tudo aquilo que sabemos ou aprendemos;
- a atitude é o querer fazer, ter o conhecimento e a prática de algo e, além disso, ter vontade de fazer.

Somente isso, porém, não assegura que a pessoa tenha a competência para a sua função, pois ela precisa estar comprometida com a empresa e com as tarefas a serem cumpridas e entregues no prazo necessário.

Para Dutra (2001, 2004) e Fleury (2002), as competências humanas podem ser entendidas como um conjunto de conhecimentos (saber), habilidades (saber fazer) e atitudes (saber ser), e eles ainda adicionam o conceito de entrega, pois assim é possível compreender sua aplicação prática a fim de gerar valor para a empresa. Outra contribuição significativa de Fleury (2004, p. 30) é o entendimento de competência individual como o "saber agir responsável e reconhecido, que implica mobilizar, integrar, transferir conhecimentos, recursos, habilidade, que agreguem valor econômico à organização e valor social ao indivíduo".

Exemplo

Existem dois funcionários em uma organização, que são igualmente remunerados e exercem a mesma função, porém, quando acontece algum problema, um deles apresenta rapidamente uma solução, ao passo que o outro não deixou que o problema acontecesse. Cada um deles possui competências individuais, mas qual estaria agregando mais valor à empresa? A princípio, parece ser o segundo, mas, no cotidiano da empresa, quem se destaca é o primeiro, pois, diante dos colegas e gestores, ele traz as soluções para o problema que está visualmente disponível para todos.

A gestão por competência auxilia no mapeamento e acompanhamento das pessoas dentro da organização, pois prega o desenvolvimento constante de seus funcionários. Esse desenvolvimento pode atingir diferentes níveis em cada tipo de pessoa, dependendo de suas competências presentes e as que necessitam de desenvolvimento. Por isso, alguns autores entendem que a competência individual tem o lado técnico e o comportamental. Por meio do Quadro 1 você poderá compreender suas diferenças, de acordo com Leme (2005).

Quadro 1. Diferença e exemplos de competência técnica e comportamental.

	O que é	Exemplos	Para a gestão de pessoas
Competência técnica	Tudo que o funcionário precisa saber para desempenhar uma função	▪ Informática ▪ Idiomas ▪ Sistemas específicos ▪ Equipamentos e ferramentas	Fácil visualização: pode ser procurada nos currículos de candidatos e averiguada em entrevistas e testes práticos
Competência comportamental	Tudo que o funcionário precisa demonstrar como seu diferencial competitivo e tem impacto em seus resultados	▪ Criatividade ▪ Flexibilidade ▪ Foco em resultados e no cliente ▪ Organização ▪ Planejamento	Difícil visualização: pode ser procurada por meio da aplicação de dinâmicas de grupo, porém, é mais bem visualizada em situações reais no cotidiano de trabalho

A gestão de uma organização também deve estar atenta às estratégias da empresa, a fim de alinhar as competências individuais às organizacionais, que são essenciais para o negócio. Isso é extremamente importante para esse modelo de gerenciamento, pois as entregas esperadas das pessoas devem estar focadas no que é essencial (DUTRA, 2002).

A partir de um planejamento estratégico bem estruturado, a empresa pode elencar e visualizar claramente as competências organizacionais, as quais a organização precisa trabalhar alinhada, de acordo com a sua visão, missão, valores e estratégia. Assim, ao estabelecer seu conjunto de conhecimentos técnicos, habilidades e tecnologias, será possível obter um diferencial competitivo no mercado em que a empresa está inserida.

Uma empresa que tem como estratégia a inovação em produtos, por exemplo, precisa estabelecer quais são as suas competências organizacionais e, posteriormente, as individuais para a manutenção dessa estratégia e atingimento de suas metas. Veja esse exemplo na Figura 1.

ESTRATÉGIA
Inovação em produtos

⇩

COMPETÊNCIAS ORGANIZACIONAIS
Inovação de produtos e processos /
Parceiras tecnológicas e estratégicas /
Qualidade

⇩

COMPETÊNCIAS INDIVIDUAIS
Capacidade de inovação / Articulação interna e externa / Utilização de dados e informações técnicas / Liderança e trabalho em equipe

Figura 1. Estratégia e suas competências organizacionais e individuais.

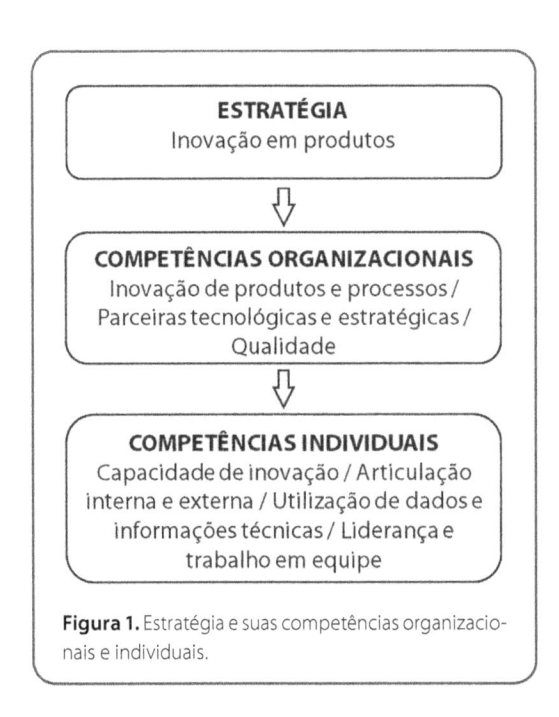

Quanto às competências organizacionais, destacam-se os conceitos propostos por Ruas, Antonello e Boff (2005) e o de Prahalad e Hamel (1995)

sobre competência essencial, analisado e adaptado para uma realidade mais abrangente.

- **Competências organizacionais:** são coletivas e aparecem sob a forma de processos de produção e/ou atendimento, nos quais estão incorporados conhecimentos tácitos e explícitos, sistemas e procedimentos de trabalho, entre outros elementos menos visíveis como princípios, valores e culturas dominantes na organização. Elas estariam presentes em todas as áreas da empresa, em formas e intensidades diferentes.
- **Competências organizacionais básicas:** são coletivas, se desdobram em todo o espaço organizacional e contribuem decisivamente para a sobrevivência da organização, porém, não para a sua diferenciação.
- **Competências organizacionais seletivas:** são coletivas e geram diferenciação.

Saiba mais

Além das competências organizacionais e individuais, existem outros conceitos interessantes, como os descritos por Dutra (2004) e Silva (2005).
- **Competências essenciais:** fundamentais para a sobrevivência da organização e centrais em sua estratégica.
- **Competências distintas:** reconhecidas pelos clientes como diferenciais em relação aos competidores e conferem vantagem competitiva à organização.
- **Competência de unidade de negócios:** pequeno número de atividades-chave (entre três e seis) esperadas pela organização das unidades de negócios.
- **Competências de suporte:** atividades que servem de alicerce para outras atividades da organização. Por exemplo, a construção e o trabalho eficientes em equipes podem ter grande influência na velocidade e na qualidade de muitas atividades dentro da organização.

Implantação do modelo

Muitas organizações, que se baseiam em um modelo tradicional de gestão de pessoas, podem encontrar algumas barreiras para a sua implantação. No entanto, é necessário enxergar suas vantagens para que não seja uma perda de tempo e energia ao desenvolver e colocar em prática esse modelo de gerenciamento.

De acordo com Dutra (2004), o processo de implantação do modelo é formado por quatro fases, muito importantes, conforme você pode ver a seguir.

1. Levantamento das necessidades: definição das necessidades específicas e avaliação das possibilidades de desenvolvimento da empresa e dos funcionários. Trata-se de uma fase em que é preciso olhar profundamente para dentro da organização.
2. Determinação de novas direções e possibilidades: seria a construção de um novo modelo, o desenvolvimento do programa e a definição do grau de envolvimento dos funcionários.
3. Definição do plano de ação: trata-se do desenho de quais serão as estratégias de implementação e a criação de um plano piloto.
4. Manutenção da mudança: definição dos resultados em longo prazo, publicação oficial do programa e estabelecimento de uma avaliação contínua do processo.

Saiba mais

Muitas publicações a respeito da gestão por competências mencionam a etapa de mapeamento das competências com o intuito de definir quais delas são necessárias para a implantação desse modelo de gerenciamento. Outra vantagem desse mapeamento é que, dessa forma, a organização sabe exatamente o que esperar de seus funcionários, e estes, por sua vez, estarão alinhados às competências organizacionais.

Resumidamente, as etapas são mapeamento das competências organizacionais da empresa; identificação das competências necessárias para a execução de cada tarefa específica; identificação das competências que cada funcionário possui; e cruzamento das informações apuradas (identificação de necessidades de treinamento e desenvolvimento necessário do funcionário).

Para o sucesso na construção desse modelo, é imprescindível o envolvimento de todas as pessoas da organização, pois cada uma poderá oferecer ideias e contribuições a respeito das suas áreas de trabalho ou da empresa como um todo. Uma técnica que pode ser utilizada, sobretudo no que se refere à primeira fase, é o *brainstorming*, uma ferramenta para a geração de novas ideias, conceitos e soluções para qualquer assunto.

Nesse momento, todos os participantes são estimulados a darem suas opiniões, sem receio de críticas, falam o que pensam e estimulam suas imaginações a fim de colaborar com ideias inéditas. Essas opiniões precisam ser consideradas para a definição do modelo a ser implantado, assim como para a manutenção dessa mudança.

> **Link**
>
> Há diversas publicações a respeito das fases de implantação da gestão por competências em uma organização. Alguns autores entendem como primeira fase, por exemplo, a sensibilização, que é a apresentação dos motivos da necessidade dessa implantação em toda a empresa. Veja um exemplo e suas respectivas fases no link a seguir.
>
> https://goo.gl/tvwiz8

Influência mútua entre competências organizacionais e individuais

Em colaboração com o entendimento de que existe uma estreita relação entre as competências individuais e as organizacionais, Dutra (2001) defende que há uma contribuição mútua entre elas, a qual é resultado da situação de interdependência em um sistema de retroalimentação.

Por um lado, a empresa empresta às pessoas o seu patrimônio de competências, dando condições para enfrentem situações diversas; por outro lado, as pessoas devolvem à organização o seu aprendizado, oferecendo condições de sobrevivência e desenvolvimento. Dessa forma, os gestores precisam se preocupar em desenvolver as estratégias da empresa, para que elas possam construir e consolidar suas competências essenciais. Isso também pode ser visto como uma aprendizagem contínua, em que as competências organizacionais e humanas se alimentam constantemente, formando um ciclo, conforme apresentado na Figura 2.

```
                    Determinam e direcionam
         ┌──────────────────────────────┐
         │                              ▼
                                    Orientam
                                   ┌─────────┐
                                   Alimentam ▼
    ┌──────────────┐      ┌──────────────┐  ┌──────────────┐
    │  Estratégias │ ───▶ │ Competências │  │ Competências │
    │organizacionais│     │organizacionais│  │  individuais │
    └──────────────┘      └──────────────┘  └──────────────┘
         ▲                    Desenvolvem
         │                    Retroalimentam
              Viabilizam
```

Figura 2. Relações entre estratégia, competências organizacionais e individuais.
Fonte: Adaptado de Lustri e Miura (2008).

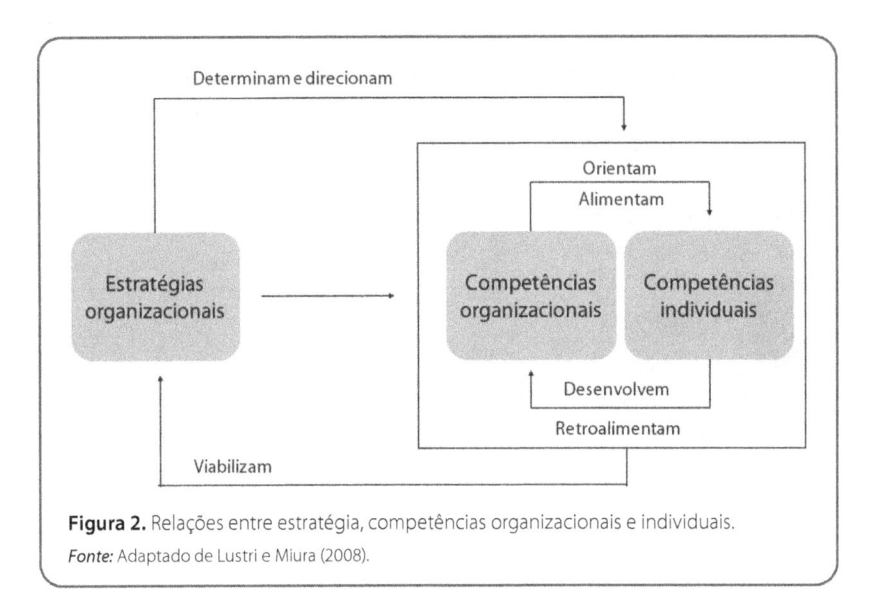

Desse modo, você pode observar a constante troca de competências entre pessoas e organização, pois são elas que têm a capacidade de colocar em prática suas competências individuais e tornam possível a concretização das competências organizacionais. Assim, surge outra colaboração de Dutra (2001) quanto à agregação de valor das pessoas, pois é a contribuição de cada indivíduo ao patrimônio de conhecimentos da organização que lhe permite manter suas vantagens competitivas no tempo, porque mesmo que se passe anos, os funcionários sempre estarão bem orientados na execução de suas atividades, no seu desenvolvimento e nas possibilidades de carreira dentro da empresa.

Além disso, há práticas da área de gestão de pessoas que estarão direcionadas de forma consciente quanto às estratégias da organização. Seus exemplos incluem como avaliar a contribuição de cada funcionário, como planejar e estruturar o plano de remuneração, quais os critérios de escolha no momento de seleção das pessoas, etc.

Em resumo, as pessoas estão sempre atuando para as transformações de uma empresa, em termos de conhecimentos, habilidades e atitudes, bem como em competência — que, conforme o autor, se refere à agregação de valor, é algo que o funcionário entrega para a organização de forma efetiva e que, de alguma forma, permanece mesmo quando ele não está mais presente nela. A agregação de valor vai muito além do atingimento de metas ou resultados financeiros, pois envolve a melhora nos processos internos da empresa.

A fim de complementar esse processo, os gestores devem estar alinhados a esse modelo de gestão e orientados para o constante desenvolvimento dos membros de sua equipe. Já para a gestão da empresa, é necessário estabelecer de forma clara, a todo momento, quais as suas estratégias e as competências organizacionais e individuais da sua equipe para acompanhar, com frequência, os seus membros e a entrega efetiva dessas competências.

Fique atento

De modo gerencial, é possível citar alguns pontos de atenção que são necessários no desenvolvimento do modelo de gestão por competências:
- Aprimoramento das equipes, orientando-as pelas competências necessárias;
- Identificação de pontos de insuficiência, permitindo intervenções quando necessário, seja em um grupo pequeno ou na empresa como um todo;
- Acompanhamento do desempenho das pessoas e de sua capacidade de entrega;
- Mobilização das equipes para que estejam orientadas às competências organizacionais e para o autodesenvolvimento de seus membros;
- Planejamento de recursos e programas de treinamento de acordo com as necessidades da organização, a partir das premissas elencadas para o desenvolvimento desse modelo de gestão.

Referências

DUTRA, J. S.; *Competências:* conceitos e instrumentos para a gestão de pessoas na empresa moderna. São Paulo: Atlas, 2004.

DUTRA, J. S.; *Gestão de pessoas:* modelos, processos, tendências e perspectivas. São Paulo: Atlas, 2002.

DUTRA, J. S.; *Gestão por competências:* um modelo avançado para o gerenciamento de pessoas. São Paulo: Gente, 2001.

FLEURY, A. C. C.; FLEURY, M. T. *Estratégias empresariais e formação de competências.* 3. ed. São Paulo: Atlas, 2004.

FLEURY, M. T. L. A gestão de competência e a estratégia organizacional. In: FLEURY, M. T. (org.). *As pessoas na organização.* São Paulo: Gente, 2002.

HAMEL, G.; PRAHALAD, C. K. *Competindo pelo futuro:* estratégias inovadoras para obter o controle de seu setor e criar os mercados de amanhã. Rio de Janeiro, Campus, 1995.

LEME, R. *Aplicação prática de gestão de pessoas:* mapeamento, treinamento, seleção, avaliação e mensuração de resultados de treinamento. 2. ed. Rio de Janeiro: Qualitymark, 2005.

LUSTRI, D. A.; MIURA, I. K. *Gestão por competências:* uma abordagem sistêmica. São Paulo: Faculdade de Economia, Administração e Contabilidade - Universidade de São Paulo, 2008. Disponível em: <http://legacy.unifacef.com.br/quartocbs/arquivos/21.pdf>. Acesso em: 30 jan. 2018.

MCCLELLAND, D. C. Testing for competence rather than intelligence. *American psychologist*, Washington, v. 28, n. 1, p. 1-14, 1973.

RUAS, R. L.; ANTONELLO, C. S.; BOFF, L. H. (orgs.). *Os novos horizontes da gestão:* aprendizagem organizacional e competências. Porto Alegre: Bookman, 2005.

SILVA, M. O. Gestão de pessoas através do sistema de competências, estratégias, processos, desempenho e remuneração: fundamentos e aplicação. Rio de Janeiro: Qualitymark, 2005.

Leituras recomendadas

DUTRA, J. S. *Gestão de pessoas:* modelos, processos, tendências e perspectivas. São Paulo: Atlas, 2016. Capítulo 2 - página 41.

GIRARDI, J. *Gestão por competências:* um fator de vantagem competitiva. Disponível em: <http://www.ebah.com.br/content/ABAAAfvpkAB/gestao-competencias-fator--vantagem-competitiva?part=4>. Acesso em: 30 jan. 2018.

Recrutamento e seleção

Objetivos de aprendizagem

Ao final deste texto, você deve apresentar os seguintes aprendizados:

- Avaliar as principais etapas dos processos de recrutamento e seleção de pessoas.
- Identificar a importância do papel da gestão na condução dos processos de seleção para a efetividade organizacional.
- Compreender a diferença e a importância dos modelos de recrutamento e seleção adotados para cada vaga organizacional.

Introdução

Neste capítulo, você estudará as etapas que envolvem o processo de recrutamento e seleção, bem como a sua importância estratégica para o negócio de uma empresa. Compreenderá, também, a importância da participação dos gestores para o sucesso dessas fases, pois não é responsabilidade somente da área de gestão de pessoas, uma vez que é por meio das pessoas que se alcançam os objetivos organizacionais, que são objetivos comuns de todos os envolvidos na organização, principalmente dos gestores.

Prática e principais etapas

Desde os tempos da administração clássica, todas as empresas já realizavam, de alguma forma, o recrutamento e a seleção. No entanto, isso era feito de maneira pouco estratégica, porque na época os valores organizacionais eram diferentes dos de agora. Sabe-se que, atualmente, as empresas investem cada vez mais em seus talentos e que um dos primeiros passos para se ter sucesso em um negócio é saber selecionar pessoas que farão a diferença em uma empresa, não somente pelo conhecimento técnico, mas pelo conjunto de características que devem estar alinhados com aquilo que se busca para cada organização.

Entende-se, na verdade, o recrutamento e a seleção como dois processos realizados a partir da necessidade do preenchimento de uma vaga em aberto em uma empresa, seja essa vaga devido ao desligamento de algum funcionário, à transferência ou à necessidade de aumentar o número de pessoas em determinada área. Para se ter sucesso nesses processos, é preciso que eles estejam alinhados às estratégias organizacionais, de modo a acompanhar os objetivos da empresa.

O recrutamento se trata da procura pelo profissional desejado e da definição de divulgação de uma vaga. Essa procura é baseada no perfil do profissional determinado pelo gestor da área que faz a solicitação. Limongi-França (2008) menciona que uma variável importante no processo de recrutamento está relacionada à imagem que a empresa projeta no mercado de trabalho e que é muito provável uma empresa ter maior número de candidatos se ela for vista como "um bom lugar para se trabalhar".

Para o sucesso na fase de recrutamento é necessária a correta divulgação da vaga, com a descrição detalhada do cargo, os pré-requisitos e as competências necessárias. Vale ressaltar que o recrutamento pode ser feito interno ou externo: atraindo pessoal já contratado pela empresa ou buscando candidatos que não têm vínculo direto com a empresa no mercado de trabalho.

Já o processo de seleção se trata da escolha do candidato mais adequado para a vaga, dentre os candidatos recrutados. Limongi-França (2008) ressalta que o processo de seleção nem sempre significa escolher candidatos que revelam aptidões ou capacidades nos seus índices mais elevados, mas sim a escolha do candidato com maior afinidade das suas expectativas e potencialidades com as expectativas e necessidades previstas para o cargo ou posição em processo de preenchimento.

Saiba mais

Para Limongi-França (2008), existem alguns fatores críticos de sucesso do processo seletivo:
- alinhamento com a estratégia corporativa e as políticas de RH;
- informações sobre as atividades e as habilidades da posição;
- contato com a área requisitante durante todo o processo;
- ética — divulgação de detalhes da posição e comunicação de resultados.

Para melhor visualizar todas as etapas e elementos que compõe o recrutamento e a seleção, acompanhe o fluxo geral a seguir.

1. Requisição de pessoal
   - Evento: desligamento, promoção, transferência, aumento do quadro de funcionários.
2. Definição da estratégia
   - Recrutamento interno ou externo.
   - *In house* x *outsourcing*.
3. Recrutamento
4. Triagem dos candidatos
   - Análise de currículos.
5. Seleção de pessoal
   - Etapas definidas.
   - Participação de especialista de gestão de pessoas e requisitante da área.
6. Escolha do candidato
   - Negociação salarial.
   - Contratação do candidato (exame médico, cadastro, etc.).
7. Comunicação do resultado aos candidatos não escolhidos

Requisição de pessoal

A partir de um evento ocorrido internamente, o gestor de determinada área irá solicitar à gestão de pessoas a abertura de um processo para preencher essa vaga. Esse evento, pode ser o desligamento de um funcionário (tanto por vontade dele ou da empresa), uma transferência (seja de um funcionário para outra área da empresa ou outra filial), ou a necessidade de aumento de equipe (porque a demanda de trabalho aumentou ou algumas tarefas foram realocadas dentro do grupo). É provável que cada empresa possua sua formalização para essa fase, podendo existir um formulário de requisição de pessoal, ou simplesmente isso ser decidido em uma reunião estratégica da empresa.

Definição da estratégia

Nesse momento, a gestão de pessoas deve definir como será realizado o processo, bem como as fases que irão compor tanto o recrutamento como a seleção, para que se possa ter o melhor resultado possível. Também é importante definir os pré-requisitos que os candidatos devem apresentar para que possam participar das etapas a serem definidas. Obviamente, cada empresa pode ter suas fases pré-determinadas, no entanto, para cada diferente área ou função a ser exercida na empresa, podem existir alguns detalhes que são necessários ser investigados durante o recrutamento e a seleção. Um exemplo disso é a contratação de uma pessoa para uma área técnica, em que são necessários testes de conhecimentos específicos, de programas e conhecimento em *softwares* da área; ou para um preenchimento de vaga na área financeira, quando se faz necessário aplicar testes de cálculos e raciocínio lógico para poder avaliar o conhecimento dos candidatos nesses quesitos. Todos esses detalhes devem ser pensados e planejados pela gestão de pessoas e o gestor que requisitou o novo funcionário, pois ninguém melhor que ele, para indicar os conhecimentos específicos necessários para a contratação de uma pessoa.

Recrutamento

Para Limongi-França (2008), as principais fontes de recrutamento (*in house* x *outsourcing*) são:

- consulta ao cadastro de candidatos da própria empresa (processos seletivos anteriores ou apresentação espontânea de candidatos, por exemplo, via site);
- escolas de cursos técnicos, faculdades e universidades;
- entidades de classe (sindicatos, associações e conselhos de classe);
- anúncio de vagas em locais visíveis da empresa ou em locais específicos (faculdades, por exemplo);
- cadastros de outros recrutadores e grupos informais;
- intercâmbio entre empresas;
- sites especializados em oferta de candidatos;
- empresas de *outplacement*;
- anúncios em jornais, revistas, rádio, TV;
- agências de emprego/*headhunters*.

A partir do planejamento de quando e como a divulgação da vaga em aberto será realizada, é aguardado o recebimento dos currículos (geralmente por meio de um e-mail específico), para que a triagem inicial possa ser feita.

> **Link**
>
> Para conhecer melhor o que fazem as empresas de *outplacement*, acesse o link:
>
> https://goo.gl/SVvx66

Triagem dos candidatos

Após o término do período de divulgação e recebimento dos currículos, é necessária a triagem, que se trata da separação dos currículos em que constam os perfis mais indicados para a vaga em aberto. Essa triagem é realizada por meio da comparação dos pré-requisitos da vaga e as informações de cada candidato em seu currículo. Nesse momento, não são consideradas as características pessoais dos candidatos, até porque a análise de cada currículo pode levar apenas alguns segundos. Os itens geralmente observados nesse momento são: área de formação, cursos realizados, áreas das últimas experiências profissionais e local onde o candidato mora.

Seleção de pessoal

A seleção não pode se basear somente na avaliação das experiências anteriores do candidato e no conhecimento que ele possui para o trabalho que será realizado. É necessária a definição de etapas de acordo com a vaga em aberto. De modo geral, são aplicadas as técnicas descritas a seguir.

a) **Entrevistas:** têm grande importância na seleção, por isso, precisa ser conduzida por um profissional experiente e que conheça as técnicas para conseguir extrair todas as informações necessárias dos candidatos. Nesse momento, são investigados aspectos de conteúdo profissional e pessoal dos candidatos, como desenvolvimento na carreira (formação profissional e experiências passadas), relacionamento profissional (colegas, subordinados e gestores), ambiente familiar (estrutura familiar e responsabilidades econômicas), interesses pessoais (*hobbies* e hábitos), relacionamentos sociais (participação de grupos, religião ou associação), perspectivas futuras (planejamento de vida).

Claro que, também é necessária a realização da entrevista pelo gestor da área que solicitou o preenchimento da vaga. Isso pode até ser feito após a triagem pela gestão de pessoas, após uma entrevista coletiva com vários candidatos, mas é essencial o gestor ter o contato com os candidatos potenciais antes da contratação, para que assim ele consiga analisar características específicas nos candidatos e pensar estrategicamente como essa pessoa agregaria valor ao restante de sua equipe.

b) **Provas de conhecimento:** podem ser gerais, para avaliar o grau de cultura dos candidatos (pode ser o desenvolvimento de uma redação ou provas de conhecimentos gerais com questões de múltipla escolha); e específicas, que visam avaliar os conhecimentos profissionais que os candidatos possuem e são essenciais para o desenvolvimento da função na empresa (pode ser desde conhecimento em matemática financeira, até conhecimento em mecânica, por exemplo).

c) **Testes psicológicos:** visam a predizer o comportamento humano com base no que foi revelado na situação do teste. Geralmente são divididos em: psicométricos e de personalidade. Os psicométricos medem as aptidões individuais, ou seja, se o candidato atinge um escore mínimo para exercer a função na empresa, por exemplo, teste de inteligência. Já os testes de personalidade, como o próprio nome diz, verificam traços de personalidade, como aspectos motivacionais, interesses, distúrbios, etc.

d) **Técnicas vivenciais:** segundo Limongi-França (2008), são técnicas que criam situações para os candidatos interagirem e participarem ativamente, de forma a ser avaliado seu comportamento social em situações pré-selecionadas. Geralmente, as situações apresentadas aos candidatos, são projetadas para comportamentos em cargos futuros, ou seja, para a função que será exercida pelo candidato selecionado. Essas técnicas podem incluir:

- **provas situacionais** — relacionadas às tarefas do cargo, por exemplo, teste de direção, para a vaga de uma função de motorista;
- **dinâmica de grupo** — se trata de um jogo de grupo, em que, a partir de uma situação estruturada, os integrantes da dinâmica interagem. Desse modo, é possível observar, por exemplo, problemas de relacionamento, integração social e liderança. É recomendável que, mais de uma pessoa esteja observando a interação entre os candidatos, pois assim é possível confrontar as observações no momento de realizar a escolha do candidato.

> **Fique atento**
>
> A entrevista individual não é tão simples de se realizar e, para isso, é preciso planejá-la e utilizar algumas técnicas. Weiss (1992) menciona quatro estágios que devem ser seguidos nessa situação.
>
> 1. Abertura: é um momento de aquecimento, no qual o entrevistador se apresenta e expõe a proposta da entrevista e como será conduzida.
> 2. Pesquisa: tem como objetivo obter do candidato as informações necessárias para avaliação do seu perfil pessoal e profissional.
> 3. Troca: deixar o candidato fazer as perguntas que revelem seus interesses, valores, atitudes e preocupações. Normalmente, são perguntas relacionadas ao cargo, às condições de trabalho e à empresa.
> 4. Fechamento: dar um breve *feedback* da entrevista e informar as etapas futuras do processo seletivo.

Escolha do candidato

A escolha pelo candidato mais indicado para preencher a vaga em aberto, pode não ser tão simples. Isso vai depender de quantas pessoas participaram do processo, do nível de atendimento aos requisitos para preenchimentos da vaga, das experiências desejáveis e, obviamente, do comportamento dos candidatos durante o processo, principalmente nas entrevistas. A decisão deve ser tomada em conjunto, tanto pela contribuição de análise do responsável da gestão de pessoas como do gestor da área.

Uma questão delicada nessa etapa pode ser a negociação salarial. A empresa pode já ter o valor determinado, a partir de seu plano de carreira e remuneração, no entanto, alguns profissionais, por saberem de sua capacidade profissional, podem tentar uma negociação que atinja seus objetivos de remuneração e que podem ser diferentes do que a empresa estaria disposta a pagar. Nesse caso, vale a análise de quanto o profissional realmente pode agregar à empresa e seu nível de experiência a partir de suas experiências anteriores. É preciso considerar o quanto de valor agregado essa pessoa pode trazer à equipe e à empresa e, assim, negociar um valor que seja favorável para os dois lados.

Após esses detalhes resolvidos, cabe à empresa orientar o novo funcionário para os trâmites burocráticos de contratação, como exames médicos necessários, cadastro a partir de seus dados, etc. Geralmente, o cadastro é realizado a partir da solicitação de documentos e certificados da pessoa selecionada, já os exames dependem da função que será realizada, podendo variar desde exames de audiometria, até exames de sangue.

Comunicação dos resultados aos candidatos não escolhidos

Trata-se de uma etapa delicada, pois as pessoas veem frustrados seus objetivos, na maioria das vezes, sem conhecer os verdadeiros motivos. Por isso, é importante estruturar de forma clara como transmitir os resultados de uma seleção, que deve contemplar um contato com os candidatos não selecionados, esclarecendo as políticas e os critérios da empresa para a seleção realizada. Essa etapa, em um grande número de empresas não é realizada, para evitar mal-entendidos com as pessoas envolvidas no processo. No entanto, é de extrema importância que a empresa tenha clareza quanto aos critérios utilizados durante seu processo de recrutamento e seleção e, com isso, não haverá receio em dar um retorno aos candidatos não escolhidos, seja por meio de um telefone ou e-mail com uma mensagem de agradecimento por ter disponibilizado seu tempo para a participação das etapas realizadas.

A respeito do candidato escolhido, após as etapas do processo que foi planejado e executado, é importante a gestão de pessoas direcionar, da melhor forma, a adaptação do(s) novo(s) funcionário(s). Isso é relevante, pois existe um momento de imersão na cultura organizacional e nas novas atividades a serem exercidas. Em um primeiro momento, é importante a apresentação da pessoa selecionada ao restante da empresa de forma a esclarecer quem é o novo funcionário que está ingressando no dia a dia da empresa e a atividade na qual ele trabalhará. A maioria das empresas planeja um ou mais dias de ambientação, geralmente com um grupo de novos funcionários, quando a gestão de pessoas realiza apresentações específicas a respeito da empresa, de seu nicho de mercado, dos produtos ou serviços que ela comercializa, qual a participação da empresa no mercado atual, quais seus principais concorrentes, etc. Além de uma apresentação geral, algumas áreas podem direcionar treinamentos específicos aos novos funcionários, que pode envolver detalhes de produtos, de *softwares* e técnicas de trabalho. Em resumo, é essencial essa ambientação inicial ao novo funcionário, tanto para ele conseguir captar todas as informações importantes para o desenvolvimento de seu trabalho como para a empresa, no sentido de conhecê-lo melhor.

Efetividade organizacional

Sabe-se que é cada vez maior o investimento em práticas e iniciativas para o recrutamento e seleção nas empresas, ou seja, ter uma área de gestão de pessoas preparada para a realização dessa atividade é chave para o sucesso organizacional, pois um processo mal planejado pode desencadear diversos problemas na empresa: alto *turnover*, custos desperdiçados e baixa retenção dos funcionários.

Deve haver um nível de competência alto pelos responsáveis pelo recrutamento e seleção, sendo incentivados pela empresa no sentido de realizarem cursos de atualização e desenvolvimento de técnicas específicas. O trabalho em equipe é outro ponto a ser destacado, pois os gestores devem cooperar e trabalhar em conjunto a gestão de pessoas durante todo o processo, para que realmente se alcance a efetividade organizacional e o processo seja realizado de maneira completa e satisfatória.

Um grande aliado do recrutamento e seleção atualmente é a internet, pois é possível, por meio de sites e aplicativos específicos, otimizar o tempo no recrutamento de pessoas e, até mesmo, pesquisar acerca dos candidatos durante a seleção. Essas pesquisas podem trazer informações valiosas a respeito da personalidade e das contribuições que as pessoas podem trazer à empresa, tanto em nível de conhecimento como de habilidades.

Os gestores, não somente da área de gestão de pessoas, devem ter claro que um processo de recrutamento e seleção bem planejado e eficiente garante melhores resultados para a empresa e maximizam as chances de alcance da efetividade organizacional, pois poderão contar com talentos em suas organizações. Obviamente, as pessoas precisam ser acompanhadas e desenvolvidas, porque a empresa deve estar em constante adaptação às necessidades do mercado. Portanto, a área de gestão de pessoas conta com outros processos que auxiliam nesses quesitos.

Sendo assim, é fato que as empresas estão cada vez mais competitivas e, no cenário atual, é necessário atrair e contratar profissionais diferenciados. Isso demonstra a importância pela busca constante da gestão de pessoas por melhorias contínuas no processo de recrutamento e seleção, pois, dessa forma, a probabilidade de acertos nesses processos será maior e o processo cada vez mais assertivo.

Link

Em grandes empresas, são cada vez mais longos e rigorosos os processos de recrutamento e seleção. Um exemplo disso é o programa *trainee*. Entenda melhor do que se trata no link:

https://goo.gl/c7qsZ3

Referências

LIMONGI-FRANÇA, A. C. *Práticas de recursos humanos*: PRH: conceitos, ferramentas e procedimentos. São Paulo: Atlas, 2008.

WEISS, D. *Entrevista de seleção*: como conduzi-la com êxito. Tradução de I. Dafonte. São Paulo: Nobel, 1992.

Leitura recomendada

SOUZA NETO, R. A. *et al*. Recrutamento e seleção nas redes sociais: a percepção dos estudantes de administração da UFRN. *Revista Organizações em Contexto*, Natal, v. 11, n. 22, p. 313-346, 2015. Disponível em: <http://www.spell.org.br/documentos/ver/38675/recrutamento-e-selecao-nas-redes-sociais--a-percepcao-dos-estudantes--de-administracao-da-ufrn>. Acesso em: 14 mar. 2018.

Gestão do desempenho

Objetivos de aprendizagem

Ao final deste texto, você deve apresentar os seguintes aprendizados:

- Identificar as principais ferramentas utilizadas para realização de um processo de avaliação de desempenho.
- Analisar as principais etapas do processo de gestão de desempenho e em que consiste cada uma delas.
- Descrever a importância da condução adequada e da definição do processo de gestão de desempenho e as suas consequências futuras.

Introdução

Neste capítulo, você vai estudará sobre a avaliação de desempenho (AD) e a sua aplicação em uma empresa pela gestão de pessoas. Conhecerá, ainda, as etapas que compõe esse processo de avaliação, assim como as principais ferramentas utilizadas, dependendo de características da equipe ou empresa. Serão destacados, também, alguns cuidados a respeito da condução desse processo, para que somente resultados positivos sejam advindos da aplicação dessa ferramenta.

Gestão e avaliação de desempenho

Para melhor compreender o processo de gestão do desempenho, é importante, primeiro, conhecer os conceitos que permeiam esse processo, e, posteriormente, o conceito de AD, que será apresentado neste texto, bem como seus métodos e aplicações em uma empresa.

Segundo Denisi (2000) *apud* Odelius e Santos (2006), a gestão de desempenho trata-se de um conjunto de processos inter-relacionados que a organização implanta com vistas a elevar o nível de desempenho do indivíduo, do grupo e, em última análise, da própria organização. Já para Aguinis (2013), a gestão de desempenho é um processo contínuo que identifica, mensura e desenvolve o desempenho de cada trabalhador, além de possibilitar o alinhamento das ações dos colaboradores e equipes de trabalho com as metas estratégicas da empresa.

De forma complementar, também é importante esclarecer o que se entende por desempenho. Segundo Fidelis e Banov (2006), desempenho humano é o ato de cumprir ou executar determinada meta previamente traçada. Desse modo, a empresa precisa, de alguma forma, buscar ferramentas que a auxiliem na identificação do desempenho de seus funcionários, para então realizar ações que contribuam para o desenvolvimento organizacional.

Uma ferramenta fundamental para a condução do processo de gestão de desempenho, se trata da AD, que Fidelis e Banov (2006) entende ser um processo que mede o desempenho de um funcionário nas metas para ele traçadas. Portanto, o desempenho medido de um colaborador, seria o grau em que ele alcança os requisitos de seu trabalho.

Para Marras (2002, p. 173), a AD é um instrumento gerencial que permite ao administrador mensurar os resultados obtidos por um empregado ou por um grupo, em período e área específicos (conhecimentos, metas, habilidades, etc.). Por fim, para Pontes (1996), é um método em que a organização pactua um contrato com os colaboradores, para que eles possam atingir os resultados propostos por ela. Ainda, deve acompanhar, corrigir o curso (quando necessário) e realizar uma avaliação desse desempenho.

A partir do conhecimento dos principais conceitos, se torna relevante verificar quais são as utilidades da AD para uma empresa, e o que isso pode trazer de vantagens, tanto para a área de gestão de pessoas como para os gestores na condução de suas equipes.

Objetivo e suas utilidades

Fidelis e Banov (2006) também contribuem destacando que o objetivo da AD é verificar o resultado de um investimento realizado em uma trajetória profissional pelo retorno recebido pela organização. Veja outras utilidades da ferramenta destacadas pelo mesmo autor:

- verificar a contribuição (do funcionário ou grupo) nos resultados da empresa;
- identificar quem precisa de treinamento;

- descobrir novos talentos;
- administrar cargos e salários;
- avaliar o sistema de remuneração;
- promover pessoas;
- elaborar programas de mérito;
- promover transferências;
- fornecer *feedback* aos funcionários.

> **Saiba mais**
>
> Apesar de ser uma ferramenta útil e com forte embasamento para a correta tomada de decisão por parte dos gestores de uma empresa, a AD pode surtir alguns efeitos negativos e apresentar problemas durante seu processo. Alguns deles são:
> - caráter subjetivo, pois lida com o inconsciente das pessoas e isso traz a ação de julgamento;
> - avaliador consciente, que opina e, consequentemente, interfere em um resultado, com a intenção de ajudar ou prejudicar a pessoa que está sendo avaliada;
> - o chamado efeito "halo", que acontece quando o avaliador se deixa influenciar por uma característica marcante do avaliado, neutralizando as demais;
> - usar com base acontecimentos recentes ao período da avaliação, considerando somente os últimos atos do avaliado;
> - considerar características pessoais extracargo, que, muitas vezes, não interferem na performance profissional da pessoa que está sendo avaliada.

Metas

Para que o desempenho possa ser medido e, assim, analisado, é preciso primeiramente saber o que se espera das pessoas, por isso o estabelecimento de metas se torna necessário na condução de um processo de AD. Em geral, as metas são estabelecidas, para cada funcionário ou para equipe, de acordo com as exigências dos cargos e atividades que devem ser desenvolvidas. A seguir, você verá como são essas metas segundo Fidelis e Banov (2006).

- **Pelos resultados:** pode se referir a uma avaliação quantitativa, por exemplo, número de peças produzidas por um funcionário que trabalha em um sistema produtivo; ou qualitativa, por exemplo, a

qualidade de atendimento realizado por uma enfermeira junto aos seus pacientes.
- **Pelo conhecimento:** podem ser avaliadas as informações inerentes ao cargo adquiridas pelo funcionário, e o grau de atualização dele. Por exemplo, um analista da área de economia, pode ser avaliado pelo o que ele conhece de economia brasileira e outras informações cabíveis a sua função.
- **Pelas habilidades:** são avaliadas as habilidades propriamente ditas, por exemplo, o domínio que um enfermeiro possui em aplicar injeções.
- **Pelo comportamento:** é verificada a compatibilidade do funcionário com a cultura da organização, suas crenças, normas, valores, rituais e demais componentes da cultura. Para um enfermeiro, por exemplo, é diferente trabalhar em um hospital particular e em um hospital público. Além disso, também pode ser avaliado o comportamento do funcionário com seu cargo, por exemplo, o comportamento esperado de um gerente é diferente de um comportamento esperado de um assistente.

Além das metas estabelecidas pela gestão de pessoas e gestores em geral da empresa, também são elencados os avaliadores para a condução desse processo. Obviamente, isso altera a forma como a AD é conduzida, porém, antes de explanar a respeito dos métodos mais utilizados, vale a verificação de quem são, em geral, os avaliadores.

Avaliadores

Dependendo do tipo de AD, os avaliadores podem ser:

- o próprio funcionário, em auto avaliação;
- o superior que avalia sua equipe;
- a equipe que avalia seu superior;
- todos se avaliam;
- uma comissão de avaliação, estabelecida ou contratada estritamente para essa função;
- os responsáveis da área de gestão de pessoas.

Um método de AD pode abranger mais de um tipo de avaliador, por isso, é importante conhecer os principais métodos aplicados nas organizações.

> **Fique atento**
>
> Os avaliadores dependem do tipo de AD que será aplicada em uma empresa; no entanto, quem deve conduzir todo o processo é a área de gestão de pessoas. Geralmente, uma ou duas pessoas da área podem ser responsáveis pelas etapas de AD. Contudo, é necessário o auxílio dos gestores de cada área, pois algumas etapas, como o "Estabelecimento dos critérios" e "Desempenho", é fundamental a opinião do gestor responsável, pois ele saberá exatamente quais os critérios mais importantes a serem avaliados, bem como qual é o desempenho individual que se espera dos componentes de sua equipe para o alcance de suas metas como grupo.

Métodos de avaliação de desempenho

Antes de iniciar uma análise nos métodos formais de avaliação, é relevante citar que também existem métodos informais, que podem ser aplicados no cotidiano de uma empresa. Uma forma de fazer isso, é o acompanhamento constante e a verificação no dia a dia da organização com relação ao trabalho realizado por uma pessoa, seja por meio de perguntas ao seu superior ou aos seus colegas. No entanto, quando se faz uso de alguma ferramenta de avaliação, pode-se considerar que o método é formal e, para isso, existem alguns instrumentos previamente construídos, de acordo com o que se estabelece como desempenho para determinado cargo ou função.

Os métodos demonstrados no Quadro 1 possuem instrumentos de avaliação padronizados, porém seu conteúdo deve ser desenvolvido e adaptado de acordo com a empresa e as características das equipes, principalmente em relação aos critérios de avaliação.

Quadro 1. Principais métodos de avaliação de desempenho.

Método	Características
Escalas gráficas	▪ Estabelece variáveis que a organização define como desempenho (conhecimento, assiduidade, proatividade, etc.). ▪ Cada variável é dividida em graus (excelente, ótimo, regular, fraco, muito fraco, por exemplo). ▪ Cada grau dessa escala tem um valor em pontos. ▪ Compara-se o resultado do funcionário com a meta estabelecida ou a média do grupo.
Comparação com os pares	▪ Utiliza como base o desempenho de dois profissionais por vez. ▪ Realiza um escalonamento, conforme a melhor avaliação. ▪ Um critério é escolhido e, a partir disso, a comparação é feita, como uma "análise combinatória". ▪ O avaliador compara de forma pareada, ao final, é apresentado um ranking comparado.
Incidentes críticos	▪ Considera os pontos fortes e fracos de quem está sendo avaliado. ▪ Abrange duas séries de afirmativas (uma positiva e outra negativa). ▪ O responsável pelo setor descreverá os aspectos considerados fortes e fracos para o desempenho da função.
Frases descritivas	▪ Contém frases que descrevem características que o avaliador usa como base para compor sua avaliação. ▪ O avaliador escolhe as sentenças descritivas, porém não precisa utilizar todas. ▪ O avaliador assinala as sentenças que correspondem ao bom desempenho, geralmente, com 'S' de 'sim' e para as que apresentam o oposto com 'N' de 'não'.
Método 360 graus	▪ São escolhidos os profissionais que responderão a um questionário. ▪ São entregues as perguntas/questionários para os envolvidos. ▪ Cada funcionário pode ser avaliado por seus subordinados, superiores, clientes internos e externos, fornecedores e, também, pode se autoavaliar.

(Continua)

(Continuação)

Quadro 1. Principais métodos de avaliação de desempenho.

Método	Características
Avaliação por competência	■ O avaliador elenca as competências (conjunto de habilidades, conhecimentos e atitudes) necessárias para a execução de uma tarefa que cada profissional deve apresentar no trabalho. ■ Pesos são atribuídos a cada uma das competências. ■ O avaliador dá uma nota que representa o desempenho do colaborador em cada uma das competências.
Avaliação por objetivos	■ Concebida por Peter Drucker, esse tipo de avaliação julga o colaborador de acordo com os objetivos que ele tem na empresa. ■ Trata-se de uma averiguação numérica e objetiva. ■ Líder e subordinado se reúnem em um primeiro momento e criam as metas do próximo período. ■ Ao término do período, ambos se reúnem novamente para verificar se as metas foram cumpridas.

Link

Segundo Dalmau e Benetti (2009), a avaliação 360 graus é o método mais usado nos dias atuais, pois contempla a participação de vários agentes, sendo um processo com uma visão mais plural e que propicia condições de um diagnóstico mais preciso, evitando erros de tendências pessoais. No entanto, nem todas as empresas têm sucesso em sua aplicação, por isso é importante considerar algumas dicas ao planejar a implantação do método 360 graus, como você pode ver no link a seguir:

https://goo.gl/5hpsfQ

Etapas da gestão de desempenho

Quando se planeja a implantação de um método de avaliação em uma empresa, é preciso respeitar algumas etapas para que a ferramenta seja realmente efetiva. Também há a necessidade de revisão do método, caso seja verificado algum problema no decorrer do processo e, por isso, a gestão de pessoas deve estar atenta, tanto em seu planejamento como na condução desse processo entre todos os envolvidos em uma organização.

Em resumo, as principais etapas que preveem a implantação e a condução da gestão do desempenho podem ser observadas na Figura 1.

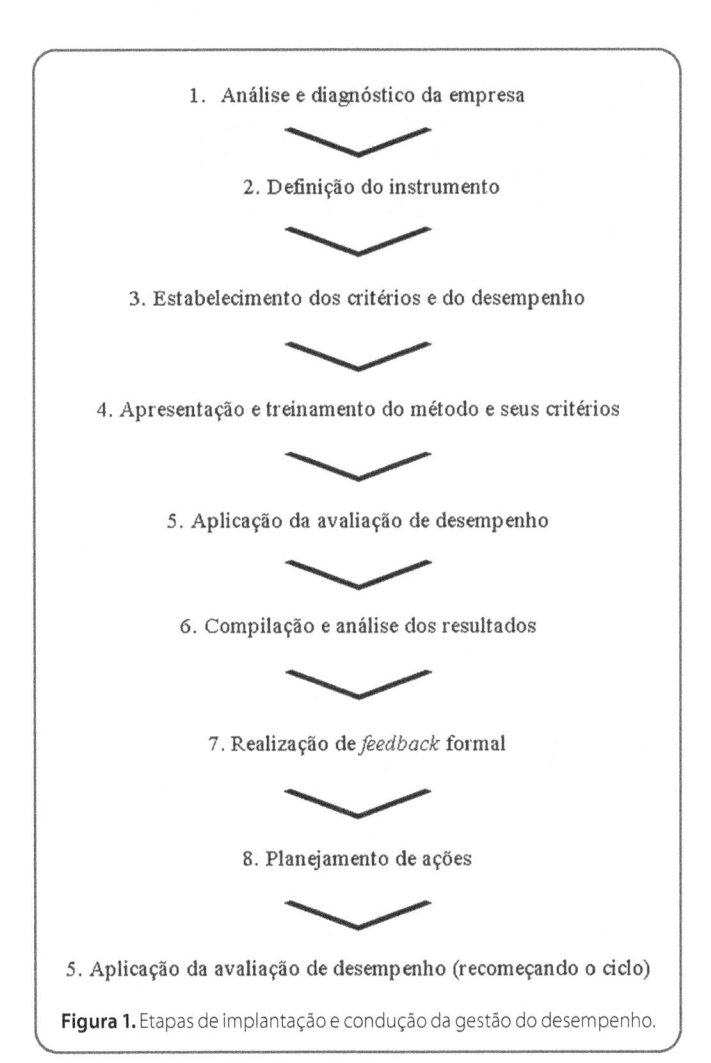

1. Análise e diagnóstico da empresa
2. Definição do instrumento
3. Estabelecimento dos critérios e do desempenho
4. Apresentação e treinamento do método e seus critérios
5. Aplicação da avaliação de desempenho
6. Compilação e análise dos resultados
7. Realização de *feedback* formal
8. Planejamento de ações
5. Aplicação da avaliação de desempenho (recomeçando o ciclo)

Figura 1. Etapas de implantação e condução da gestão do desempenho.

Análise e diagnóstico da empresa

É de extrema importância que a gestão de pessoas faça uma análise da empresa como um todo e, a partir de seu diagnóstico, planeje qual o método de avaliação a ser implementado. Os responsáveis devem imaginar e supor quais os comportamentos e as atitudes de seus funcionários a partir da implantação de uma ferramenta de avaliação. Apesar de nem todas as variáveis serem previsíveis, as chances de erros diminuem.

Definição do instrumento

É importante que você compreenda que, para cada método, existe um certo grau de maturidade das equipes para que se alcance resultados positivos; e o instrumento a ser escolhido deve considerar todas as características de uma empresa e das equipes que a compõe.

Estabelecimento dos critérios e do desempenho

Cada empresa é composta de diversos cargos e funções e, por isso, os critérios a serem avaliados nem sempre são os mesmos para todos os funcionários. É importante que os critérios sejam estabelecidos considerando as tarefas e a natureza de trabalho de cada colaborador ou, ao menos, de cada área. Em áreas mais técnicas, por exemplo, critérios que abrangem o conhecimento podem ter um peso maior.

Além disso, é relevante estabelecer metas a partir dos critérios estabelecidos, pois, assim, fica claro para todos qual o nível de desempenho esperado pela empresa, para cada função ou área. Um exemplo claro disso é o estabelecimento de metas para a área de vendas, que podem ser estipuladas em conjunto com critérios comportamentais.

Apresentação e treinamento do método e seus critérios

Quando tudo estiver definido, a gestão de pessoas deve reunir as equipes e apresentar a ferramenta a ser colocada em prática. Esse encontro é imprescindível para que todos compreendam realmente seus objetivos e sua aplicabilidade para a empresa. É, também, um momento de tirar as dúvidas, previamente ao momento de participar da avaliação. Se o método prever o preenchimento de formulários, essa é a oportunidade de demonstrar como fazer isso.

Aplicação da avaliação de desempenho

Essa etapa é a realização da avaliação em si, que dependerá do método de AD definido, seja por meio das reuniões ou preenchimento de formulários, por exemplo.

Compilação e análise dos resultados

A gestão de pessoas precisa reunir todas as informações levantadas a partir da aplicação da AD e compilar os dados em forma de relatórios ou gráficos, por exemplo, para que os resultados sejam analisados pelos gestores e responsáveis. Essa análise é essencial para a condução adequada do *feedback*.

Realização de *feedback* formal

De maneira formal, o *feedback* deve ser realizado com cada participante da AD e, agendado antecipadamente para que ambos os envolvidos possam se preparar. Tanto para quem fornece o *feedback* como para quem o recebe, se trata de um momento importante e que, se conduzido de maneira natural, trará muitas vantagens para os funcionários e a empresa em geral.

Fique atento

O *feedback* pode ser um momento delicado para quem participa e, se for mal planejado e erroneamente conduzido, pode prejudicar o desempenho dos avaliados, em vez de melhorar. Por isso, é interessante para todos que o *feedback* seja visto como natural e uma atividade a mais da AD, e não como uma crítica, para que, assim, os envolvidos consigam absorver os benefícios dessa ferramenta. Por isso, é importante seguir algumas dicas.

Para quem dá o **feedback**:
- fazer o avaliado enxergar que a avaliação é para ajudá-lo;
- usar a empatia e pensar em como a pessoa irá receber a mensagem;
- ser bem intencionado, específico e se referir a algum comportamento sobre o qual a pessoa possa fazer algo a respeito (evitando generalizações e julgamentos);
- dar o contexto, exemplificar o impacto do comportamento na equipe ou empresa e complementar com uma sugestão de mudança, por exemplo, "nas últimas duas reuniões de área você chegou atrasado, fazendo com que toda a equipe perdesse tempo e precisando, assim, retomar alguns assuntos. Você poderia chegar no horário marcado, a partir de hoje, em seus próximos compromissos, por favor?".

Para quem recebe o **feedback**:
- pensar como algo construtivo, entendendo que a pessoa que está avaliando se preocupa e está querendo ajudar;
- deixar de lado pensamentos como "não adianta mesmo", "não vai fazer a diferença";
- não ativar mecanismos de defesa e procurar respostas prontas para qualquer frase que o avaliador expressar;
- escutar e entender a perspectiva da pessoa que está falando;
- refletir a respeito dos itens que foram explanados.

Planejamento de ações

A partir da realização do *feedback* formal, ou até mesmo durante ele, é possível estipular e planejar algumas ações, como treinamentos necessários, mobilidade no plano de carreira da empresa e premiações previstas quanto ao alcance de metas estipuladas. Cada empresa e método de AD planejará suas ações conforme sua disponibilidade financeira, seu quadro de funcionários e seu posicionamento estratégico.

A próxima etapa seria o reinício do ciclo de AD, que se trata novamente da aplicação da AD, conforme periodicidade estipulada, que pode ser a cada 6 meses, 1 ano ou mais. Geralmente, empresas que vinculam a AD com seu plano de carreira, realizam as avaliações anualmente, de forma a estimular seus funcionários para melhorarem seus desempenhos e resultados e, assim, atingir alguma promoção e premiação estipulada de acordo com o atingimento dos níveis esperados.

No entanto, nem sempre estão vinculadas premiações e promoções às avaliações, pois não se trata somente de recompensar ou punir os funcionários dependendo de seus resultados. Para que os funcionários não legitimem uma cultura de alcançar resultados somente se forem recompensados (seja financeiramente ou com promoções), a gestão de pessoas deve deixar estimular o desenvolvimento de seus colaboradores, proporcionando treinamentos, cursos, conversas informais, etc., como forma de prevalecer a ideia de que o funcionário está se desenvolvendo como profissional e como pessoa e a AD irá contribuir para isso.

Obviamente, no período entre as aplicações da avaliação, podem ser realizados *feedbacks* informais, se os gestores e responsáveis da gestão de pessoas acharem necessário. Por vezes, não se pode aguardar a próxima avaliação para conversar com um funcionário a respeito de alguma situação específica ou algum acontecimento importante, seja ele positivo ou negativo.

A gestão de desempenho também pode ser revista quando for necessário, por meio de reuniões entre os responsáveis pela condução das avaliações. Se por algum motivo, for preciso rever a avaliação que está sendo aplicada, isso deve ser feito em tempo da próxima aplicação, pois o importante é atingir resultados positivos e, de fato, conseguir acompanhar o desempenho das pessoas dentro da organização, de forma ética e justa.

Referências

AGUINIS, H. *Performance management*. 3. ed. Harlow: Pearson, 2013. 336 p.

DALMAU, M. B. L.; BENETTI, K. C. *Avaliação de desempenho*. Curitiba: Iesde Cursos, 2009.

FIDELIS, G. J.; BANOV, M. R. *Gestão de recursos humanos*: tradicional e estratégica. 1. ed. São Paulo: Érica, 2006.

MARRAS, J. P. *Administração de recursos humanos*: do operacional ao estratégico. 6. ed. São Paulo: Futura, 2002.

ODELIUS, C.; SANTOS, P.; Avaliação de desempenho individual no contexto da administração pública federal direta: aspectos determinantes de sua de efetividade. In ENCONTRO DA ASSOCIAÇÃO NACIONAL DE PÓS-GRADUAÇÃO E PESQUISA EM ADMINISTRAÇÃO, 30., 2006, Salvador, *Anais...* Salvador: ENANPAD, 2006. Disponível em: <http://www.anpad.org.br/enanpad/2006/dwn/enanpad2006-gpra-1857.pdf>. Acesso em: 22 mar. 2018.

PONTES, B. R. *Avaliação de desempenho*: nova abordagem. 6. ed. São Paulo: LTr, 1996. 152 p.

Leitura recomendada

FRANCO, M. A. J. *et al*. Avaliação de desempenho: percepção dos funcionários de uma entidade hospitalar de Santa Catarina. *Revista de Administração Hospitalar e Inovação em Saúde*, Belo Horizonte, v. 14, n. 1, p. 124-137, jan.-mar. 2017. Disponível em: <http://revistas.face.ufmg.br/index.php/rahis/article/view/124-137>. Acesso em: 22 mar. 2018.

Análise de cargos

Objetivos de aprendizagem

Ao final deste texto, você deve apresentar os seguintes aprendizados:

- Listar os critérios definidos para a descrição de cada cargo, assim como o modelo adequado adotado pela gestão.
- Analisar a importância da descrição de cargos para o desenvolvimento dos demais subsistemas de gestão.
- Definir os modelos adequados de descrição de cargos para que se possa realizar adequadamente as tarefas relacionadas ao processo.

Introdução

Você já ouviu falar sobre análise de cargos? Trata-se de uma das etapas do sistema de administração de salários, compreendida pela investigação das atividades que são exercidas pelos trabalhadores, em que são definidas claramente as suas atribuições, responsabilidades, condições de trabalho, entre outras. É uma análise essencial para a fluidez do processo de administração de salários, pois, com os dados obtidos, é possível estabelecer critérios e técnicas de remuneração.

Para que a análise de cargos seja uma etapa com bons resultados, é fundamental ocorrer uma descrição dos cargos assertiva e que possua consistência, para que assim sejam conhecidos na integra os cargos existentes na organização com as suas particularidades.

Neste capítulo, você aprofundará seus conhecimentos sobre a análise de cargos, compreendendo os critérios estabelecidos na descrição dos cargos e os modelos de gestão, além de entender a importância desse processo.

Estabelecimento de critérios para a descrição de cargos

A descrição de cargos ocorre a partir do detalhamento de atividades, responsabilidades, competências, habilidades e, também, das condições de trabalho que são atribuídas para os colaboradores no meio em que estão inseridos. Essa descrição é considerada de grande importância, pois é a etapa norteadora para a criação coerente de políticas de remuneração, propiciando para a empresa condições de apurar o perfil ideal de cada um dos funcionários em relação aos cargos ocupados. Dessa forma, é possível realizar um planejamento adequado para o desenvolvimento das atividades e também para a avaliação de desempenho dos funcionários. Por fim, a descrição de cargos auxilia no estabelecimento de políticas salariais justas e adequadas para o quadro funcional, em que é perceptível a clareza das informações perante todos.

De acordo com Lacombe (2011, p. 182), a descrição de cargo é feita para fins de administração salarial. Ao descrever um cargo, deve-se ter em mente que a descrição é genérica, mas deve abranger as diversas funções nele incluídas. Descreve-se o que fazem os ocupantes do cargo, incluindo, em alguns casos, a periodicidade das atividades.

Complementando a conceituação referente à descrição de cargos, entende-se que:

> Uma descrição de cargo é uma exposição escrita de um cargo e dos deveres que ele incluiu. Não há um formato padrão para as descrições de cargo. Elas variam em aparência e conteúdo de uma empresa para a outra. A maioria das descrições de cargo, entretanto, contém pelo menos três partes: título do cargo, sua identificação e a relação dos deveres que ele implica. (BOHLANDER; SNELL; SCHERMAN, 2009, p. 37).

É perceptível que as descrições dos cargos são extremamente importantes para as empresas e seus colaboradores, pois possuem um papel fundamental no norteamento das atividades que devem ser exercidas na instituição e auxiliam os funcionários a traçarem o caminho esperado pela empresa. Já para a organização, trata-se de um documento orientador e que tem como proposito diminuir as dúvidas a respeito dos requisitos dos cargos, deixando alinhado entre gerentes e funcionários todas as atribuições que devem ser realizadas pelos colaboradores durante a sua rotina de trabalho (BOHLNADER, SNELL, SCHERMAN, 2009).

Para que uma avaliação do cargo tenha êxito, é fundamental que a descrição de cargos seja a sua referência, tendo consistência e informações coerentes referente às principais responsabilidades do cargo, dados que propiciem o entendimento completo em relação aos demais cargos e questões relacionadas à subordinação do colaborador que estiver ocupando a vaga.

> **Fique atento**
>
> **Você sabe qual a diferença entre função, tarefa e cargo?**
> Segundo Marras (2009), a tarefa existe como um conjunto de elementos que requer o esforço humano para determinado fim; a função é um agregado de deveres, tarefas e responsabilidades que requerem os serviços de um indivíduo; e o cargo é um grupo de funções idênticas, na maioria ou em todos os aspectos mais importantes das tarefas que as compõem.

Os critérios definidos na descrição de cada cargo ocorrem por meio do estabelecimento, por escrito, dos requisitos mentais e físicos e das responsabilidades e condições de trabalho em que as atividades são desempenhadas. Essas informações devem responder a três questionamentos básicos: **O que o ocupante do cargo faz? Com o ocupante do cargo faz determinada atividade? Por que o ocupante do cargo faz a atividade?** Esses dados são utilizados para que sejam definidas, com coerência, as especificações do cargo e que possa ser mensurado corretamente o conhecimento, as habilidades e a capacidade indispensáveis para a execução satisfatória do trabalho de cada um dos funcionários (MARRAS, 2009).

Os cargos executivos possuem um nível hierárquico diferente, pois os profissionais que ocupam essas vagas normalmente têm formações específicas, experiências diferenciadas e salários distintos. Contudo, a descrição desses cargos deve seguir o mesmo método utilizado com os demais cargos da empresa, pois, assim, é mantido um padrão no momento da elaboração da descrição de todos os cargos existentes em uma organização, apenas sendo interessante observar os objetivos do cargo na empresa e a descrição sumária, para que assim sejam coesas as informações inclusas no documento e o sistema de remuneração seja sólido.

Você vai conhecer, agora, um modelo adequado e que pode ser adotado pela gestão da empresa no processo de descrição de cargos. Observe a Figura 1.

TÍTULO DO CARGO		CÓDIGO
Secretária		A
LOCAL	**ÓRGÃO**	**LOTAÇÃO**
Rio de Janeiro, RJ	Seções, divisões, departamentos	12

DESCRIÇÃO SUMÁRIA
Executar serviços gerais de secretaria, em órgãos de nível igual ou superior à seção, agindo com descrição e aplicando as políticas, normas e rotinas da empresa.

DESCRIÇÃO DETALHADA (descrever todas as tarefas do cargo, relacionando apenas "o que faz", por ordem de importância, conforme o critério da área)
- Manter contatos na recepção da sua chefia, atender e encaminhar os visitantes.
- Assistir a sua chefia na solução de problemas administrativos simples e de relacionamento pessoal, atuando com tato, discernimento e descrição.
- Conferir, registrar, classificar, arquivar, localizar e expedir cartas, e-mails, memorandos e documentos, providenciando sua adequada distribuição e tramitação.
- Organizar e manter registros e fichários, consultando documentos e fazendo lançamentos para controle e atualização das informações.
- Recepcionar e encaminhar pessoas, receber e transmitir recados, fazer e receber chamadas telefônicas.
- Operar fac-símile da sua unidade organizacional.
- Organizar a agenda de atendimento e de reuniões ou entrevistas.
- Executar serviços de digitação em processador de texto de microcomputador, providenciar cópias em papel e em meio magnético e distribuir para seus destinatários.
- Zelar pela manutenção do arquivo confidencial da sua unidade organizacional.
- Executar outras tarefas correlatas, a critério do superior imediato.

REQUISITOS BÁSICOS (indicar a instrução formal, cursos de especialização e o tempo mínimo necessário ao desempenho normal do cargo).
Segundo grau completo, acrescido de cursos de especialização em microinformática e inglês básico.
Mínimo de dois ano em função equivalente.
Discernimento e capacidade de planejamento para as tarefas descritas.

ELABORADO POR	APROVADO POR	VISTO RH
MC	EDB	ACS
DATA	**DATA**	**DATA**
29/10/20XX	11/11/20XX	13/11/20XX

Figura 1. Modelo de descrição de cargos.
Fonte: Lacombe (2011, p. 183).

Após observar a Figura 1, você pode perceber que a descrição de cargos é fundamental para as empresas, pois as informações ficam organizadas e a área de recursos humanos tem acesso a essa fonte a todo o momento, pois é a balizadora desde a admissão de um colaborador até o seu desligamento, e as contratações ocorrem a partir da descrição do cargo. Diversas áreas são beneficiadas quando uma empresa possui uma boa descrição de cargos, entre elas:

- área de recrutamento e seleção — torna possível visualizar melhor o que avaliar em um potencial candidato;
- área de treinamento e desenvolvimento — consegue definir muito bem os treinamentos que cada colaborador precisa realizar para o seu desenvolvimento, sendo norteada pela avaliação de desempenho;
- área de remuneração — mantém os planos de carreira atualizados e os colaboradores visualizam a que patamar podem chegar dentro da empresa.

Dentro das empresas, podem ocorrer diversas situações que demandem a descrição de cargos, além é claro, quando uma empresa possui um plano de cargos e salários e precisa cumprir a etapa de descrição de cargos. Algumas situações podem ser citadas, como reenquadramento das funções, problemas organizacionais de retenção, atração de pessoal, processo seletivo falho, pesquisa de clima organizacional, análise de desempenho, programa de qualidade, programas de treinamento, entre outras.

Você já pensou que a descrição de cargos nada mais é que um resumo dos dados essenciais para o desenvolvimento de um cargo? Além disso, possui muitos detalhes do cargo e também direcionamentos específicos das necessidades da empresa. Essas questões são importantes de serem realizadas para se perceber a importância desse procedimento.

> **Saiba mais**
>
> As empresas vêm sofrendo modificações na sua força de trabalho e estruturas nos últimos anos e, com isso, é essencial que sejam observadas e geradas novas dinâmicas de trabalho. É notável que, atualmente, novas características de trabalho existam, e a descrição de um cargo precise ser versátil e abrangente, para que os profissionais que ocupam determinado posto de trabalho tenham maior flexibilidade para realizar as suas atividades.

Os dados contidos na descrição de cargos não devem ser muito detalhados, pois as atribuições dos cargos podem se modificar em uma periodicidade rápida, portanto, caso sejam muito detalhadas, não é possível ter muita precisão nas informações contidas no plano e como as alterações precisam ser sempre registradas, além de tornar o custo das atualizações bastante alto. Lembre-se que, em uma descrição de cargos, é necessário conter aspectos fundamentais e não o detalhamento de cada atividade diária. Por exemplo, no cargo de auxiliar de limpeza, o ideal é incluir na descrição "limpar e conservar as áreas da empresa", e não uma descrição detalhada, como "limpar diariamente as mesas de determinado setor, pois assim o supervisor deste colaborador poderá trabalhar com maior liberdade e respeitar o plano de cargos e salários" (LACOMBE, 2011).

Não existe um modelo perfeito para uma empresa utilizar, mas sim um modelo adequado e que auxilie no processo de gestão, que é essencial para o desenvolvimento dos funcionários, a organização da empresa e a unificação de informações entre os setores. Os critérios que são estabelecidos a partir da descrição dos cargos servirão como base para demandas da área de gestão/ recursos humanos e como mecanismos estratégicos para a gestão. Além disso, são uma ferramenta que auxilia no planejamento das condições de trabalho, oportunizando a estruturação das atividades a serem desenvolvidas. Não existe um único modelo a ser adotado, mas sim o que mais se enquadra para determinada empresa.

Descrição de cargos no desenvolvimento dos subsistemas de gestão

É primordial que sejam definidas regras para descrever um cargo para que exista uma relação de clareza da descrição, devendo ser elaborada em um formato simples e de fácil entendimento, inclusive para pessoas leigas ou que não possuam contato com esse tipo de informação. As informações referentes ao cargo e ao desempenho precisam estar muito bem escritas, para que não surja nenhuma dúvida no momento da leitura, qualquer evidencia de um dado que não agregue nenhum valor deve ser excluído.

O resultado final da descrição é o manual de cargos. Após a conclusão do documento, todas as informações referentes à ordem dos cargos da empresa e todos os funcionários ficam disponíveis ao setor de recursos humanos, assim, em caso de dúvidas, podem consultar o manual e saber as características de determinado cargo, bem como as possibilidades de crescimento vertical e horizontal.

A descrição que consta no manual é referente ao cargo, e nela são indicadas as tarefas e as especificações referentes aos requisitos exigidos para o cargo, não tendo como finalidade um relatório detalhado das atividades que são realizadas pelo ocupante do cargo, mas sim o desejado. Por exemplo, se o colaborador fala uma língua estrangeira, mas o cargo descrito não exige, o funcionário tem um conhecimento a mais e que pode ser utilizado para outro cargo.

No momento que está sendo realizada a descrição de cargos pelo profissional da área de remuneração, é imprescindível que seja feito um detalhamento impessoal do cargo e que cada atividade/atribuição deva ser iniciado por um verbo, que deve definir bem a atividade a ser realizada. Sugere-se que o verbo seja utilizado na terceira pessoa do presente do indicativo ou no infinitivo, podendo utilizar também advérbios nas especificações.

As informações dos cargos existentes em uma empresa, podem ser coletadas de várias formas, os procedimentos mais utilizados são: entrevistas, questionários, observação e registro diários. Veja as informações oferecidas por Bohlander, Snell e Scherman (2009, p. 37) a seguir.

- **Entrevista:** são perguntas feitas individualmente aos funcionários e aos gerentes sobre o cargo que está sendo revisado.
- **Questionários:** são formulários cuidadosamente preparados a serem preenchidos individualmente pelos ocupantes do cargo e analisado e pelos gerentes. Fornecem dados sobre deveres e tarefas de trabalho desempenhados, objetivo do trabalho, ambiente físico, requisitos para o desempenho do cargo (habilidade, nível de instrução, experiência, demandas físicas e mentais), equipamento e materiais usados e preocupações especiais com saúde e segurança.
- **Observação:** o analista obtém informações sobre cargos observando as atividades dos funcionários e registrando notas em um formulário padronizado. Gravar em vídeo a atividade para estudo posterior é uma abordagem usada em algumas empresas.
- **Registro diários:** os próprios funcionários no cargo fazem um registro diário de suas atividades durante um ciclo de trabalho completo. Os registros normalmente são preenchidos nos intervalos específicos em que há mudança de atividade (por exemplo, a cada meia hora ou hora) e mantidos durante um período de duas a quatro horas.

As informações que são adquiridas (coleta de dados) são as fontes de dados para análise dos cargos e têm papel fundamental para o êxito das descrições dos cargos, além de nortearem o processo como um todo, pois é por meio da capacidade analítica do profissional que irá realizar esses procedimentos que a empresa terá resultados positivos.

> **Fique atento**
>
> No Quadro 1 você conhecerá alguns verbos que são utilizados na descrição de cargos.
>
> **Quadro 1.** Verbos utilizados na descrição de cargos.
>
> | | | | |
> |---|---|---|---|
> | Imprimir | Cortar | Dobrar | Inserir |
> | Carregar | Estampar | Limpar | Adaptar |
> | Descer | Puxar | Empurrar | Elevar |
> | Inspecionar | Inclinar | Colocar | Flexionar |
> | Selecionar | Retificar | Fresar | |
> | Planejar | Furar | Medir | |
> | Julgar | Organizar | Compor | |
>
> *Fonte:* adaptado de Zimpeck (1996, p. 68).

A descrição de cargos é de extrema importância, pois é por meio dela que uma instituição padroniza o detalhamento de cada cargo da empresa, auxiliando no desenvolvimento dos demais subsistemas. Você pode, agora, se perguntar: porque isso ocorre? É bastante simples, a descrição dos cargos promove a ampliação do conhecimento referente às características mais evidentes dos cargos, mensurando o perfil adequado de cada ocupante para desenvolver as suas atribuições e, assim, se torna claro o que é desejado do colaborador. Com isso, todos ganham, os funcionários crescem, a empresa se desenvolve e os subsistemas de gestão têm foco direcionado.

Para que o conteúdo da descrição de cargos tenha eficiência, é imprescindível que sejam inclusas no documento as informações básicas dos cargos (título do cargo, subordinação, subordinados, sumário do cargo, funções e acesso do cargo), os fatores essenciais (dimensão técnica, nível funcional e limites de responsabilidade), os fatores complementares (equipamentos utilizados no desenvolvimento das atividades e equipamentos de segurança utilizados) e a responsabilidade de elaboração e aprovação (deve constar quem foi a pessoa responsável ou empresa pela elaboração da descrição final dos cargos) (MARRAS, 2009).

Por meio da descrição dos cargos realizada com consistência, os mais diversos setores dentro da empresa podem ser beneficiados, entre eles:

- treinamentos e desenvolvimento;
- gestão do desenvolvimento;
- gestão de cargos e salários;
- plano de promoções;
- programas de seleção de pessoas por competências;
- recrutamento de candidatos.

> **Link**
>
> Para aprofundar o seu conhecimento sobre a importância da descrição de cargos e salários dentro de uma empresa, conheça um ponto de vista um pouco diferente, em que são mostrados os prós e contras da descrição de cargos, acessando o link:
>
> https://goo.gl/VKulv9

Modelos de descrição de cargos

A definição do modelo adequado para o desenvolvimento da descrição de cargos necessariamente deve estar atrelada à empresa, para que tenha fluidez durante a sua execução e também obtenha um resultado final satisfatório para todos os envolvidos, pois serão definidos o grau de responsabilidade e/ou liberdade que cada colaborador terá no cargo que estiver inserido.

É extremamente significativo que a descrição seja bem desenhada pelo responsável por essa demanda e que ele realize um delineamento dos métodos de trabalho desenvolvidos pelos empregados e também as correlações com os demais cargos, pois cada cargo requer competências dos seus ocupantes que podem ser diferentes, em prol das complexidades de execução das atividades e também do nível hierárquico.

Será que existe um modelo adequado realizar uma descrição de cargos? Não existe um modelo adequado ou padrão, mas sim três partes básicas para que o cargo seja estruturado e dimensionado com maior exatidão. Segundo Bohlander, Snell e Scherman (2009), essas partes são o título do cargo, sua identificação e a relação de deveres que ele implica.

Título do cargo

Escolher a nomenclatura adequada para um cargo é extremamente relevante por diversos motivos. Primeiramente, é notável que, para o quadro funcional, o título do cargo está atrelado ao *status* que determinado colaborador possui dentro da empresa, o que é um fator psicológico de grande valor, pois mexe com o ego das pessoas. Por exemplo, o cargo de coletor sanitário é muito mais atraente que o cargo de lixeiro, não é mesmo?

É essencial que o título do cargo proporcione alguma indicação referente aos deveres relacionados a ele, para que assim seja facilitado o entendimento da função, por exemplos, analista de rescisões, vendedor, açougueiro, montador de móveis, entre outros. Também é primordial que o título indique qual o nível hierárquico que ele exerce dentro da estrutura da organização, ficando mais fácil para a identificação da nomenclatura do cargo, por exemplo, analista de folha de pagamento júnior, Engenheiro sênior, ajudante de obra, auxiliar de departamento pessoal, etc.

Identificação do cargo

Logo após o título do cargo, inicia-se a inclusão de informações referente às identificações da descrição do cargo. Neste local são inclusas as seguintes informações: **onde o departamento se localiza**, **a pessoa a quem o funcionário se reporta** e **a última data em que a descrição do cargo foi revisada**. Algumas empresas também incluem mais informações nessa seção, porém fica a critério de cada uma a introdução ou não de dados, como código do cargo na folha de pagamento, número de funcionários que realizam determinadas funções, código da Classificação Brasileira de Ocupações (CBO), etc. A inclusão dessas informações é relevante por auxiliar na diferenciação entre um cargo e outro, já que o título por si só não consegue fazer isso.

Link

Para que sejam atribuídos corretamente o código e as atribuições para um determinado cargo, é necessário acessar o site do Ministério do Trabalho, no qual está disponível a pesquisa da CBO. Esse código será registrado na folha de pagamento e reconhecido por todos os órgãos públicos. Conheça um pouco mais, acessando o link:

https://goo.gl/woXgl

Relação de deveres

Esta parte é subdividida em atribuições de cargo e especificações do cargo. Aprofunde seus conhecimentos nos itens a seguir.

Atribuições de cargo ou funções essenciais

Para cada atribuição é indicado o peso ou o valor de importância dentro da descrição de cargos, e as informações são disponibilizadas em ordem de relevância, ressaltando sempre as responsabilidades e os resultados esperados para cada cargo. Dentro das atribuições, são indicados os equipamentos e as ferramentas que os colaboradores utilizam na prática de suas atividades.

Especificações ou requisitos do cargo

Todas as qualificações pessoais que um funcionário precisa ter para realizar as atividades e as responsabilidades do cargo ficam agrupados na especificação, também conhecida como requisitos do cargo. As especificações envolvem dois âmbitos, conforme descrito a seguir.

Habilidade exigida para desempenhar o trabalho: neste local devem ser inclusas informações relacionadas ao grau de instrução ou experiência, treinamento especializado, traços pessoais ou capacidades e destreza manual.

Exigências físicas que o cargo impõe ao funcionário: é importante salientar como devem ser realizadas as atividades, como andar, ficar de pé, erguer ou conversar.

Depois de conhecer as partes básicas utilizadas na descrição dos cargos, conheça um modelo em que são aplicadas essas particularidades, conforme demonstrado na Figura 2.

Descrição de Cargo para um Assistente de Recursos Humanos

DESTAQUES EM GRH

Identificação de Cargo

TÍTULO DO CARGO: Assistente de Recursos Humanos
Divisão: Área Sul
Departamento: Gerenciamento de Recursos Humanos
Analista de cargo: Virginia Sasaki
Data analisada: 3/12/99
Categoria do salário: Isenta
Reporta a: Gerente de RH
Código do cargo: 11-17
Data verificada: 17/12/99

Breve Listagem dos Principais Deveres do Cargo

DESCRIÇÃO DO CARGO
Desempenha trabalho profissional de recursos humanos nas áreas de *recrutamento e seleção, teste, orientação, transferências e manutenção de arquivos de funcionários*. Pode lidar com atribuições e projetos especiais relativos a *queixas de funcionários, treinamento ou descrição e análise de cargos e remuneração*. Trabalha sob supervisão geral. Possui autonomia para tomar iniciativas e fazer julgamentos no desempenho das tarefas que lhe são atribuídas.

Funções e Responsabilidades Essenciais

FUNÇÕES ESSENCIAIS
1. Prepara o material escrito de recrutamento e anúncios de emprego para a colocação de candidatos.
2. Programa e conduz entrevistas pessoais para determinar a adequação de candidatos a emprego. Inclui a revisão de solicitações de emprego e currículos enviados para pessoal qualificado.
3. Supervisiona a administração de programas de teste. É responsável pelo desenvolvimento e aprimoramento de instrumentos e procedimentos de teste.
4. Apresenta programa de orientação a todos os novos funcionários. Revisa e desenvolve todos os materiais e procedimentos para o programa de orientação.
5. Coordena a divisão de divulgação de vagas e o programa de transferências. Estabelece os procedimentos para o anúncio de vagas. É responsável pela revisão de pedidos de transferência, pelo arranjo de entrevista para transferência e pela determinação de datas efetivas de transferência.
6. Mantém um relacionamento de trabalho diário com gerentes de divisão em questões de recursos humanos, incluindo preocupações de recrutamento, retenção ou liberação de funcionários em experiência e medidas disciplinares ou demissão de funcionários permanentes.
7. Divulga políticas ou procedimentos de RH novos ou revisados a todos os funcionários e gerentes por meio de boletins, reuniões, memorandos e/ou contato pessoal.
8. Desempenha deveres relacionados, conforme atribuição pelo gerente de recursos humanos.

Figura 2. Exemplo de descrição de cargo.
Fonte: Bohlander, Snell e Scherman (2009, p. 39-40).

Desenho do cargo

O desenho de cargos retrata a forma como são realizadas as projeções dos cargos individuais, combinando-as em unidades, setores, departamentos e organizações. Neste contexto, o desenho de cargos define o grau de responsabilidade concedida para o ocupante do cargo.

Existem alguns pontos que devem ser observados pelo responsável por esse processo, pois eles auxiliam na escrita de um material coerente, entre eles estão identificação do cargo, resumo do cargo, relacionamentos, responsabilidades e atribuições, autoridade, padrões de desempenho, condições de trabalho e ambiente físico.

Após conhecer os pontos do desenho de cargo, para que o seu entendimento seja completo, vamos exemplificar o desenho do cargo de um gerente financeiro.

- **Reporta-se a:** diretor da empresa.
- **Supervisiona:** assistente financeiro, analista financeiro e o supervisor financeiro.
- **Trabalha com:** todos os gerentes dos departamentos e os executivos.
- **Relações externas:** bancos, Receita Federal, Receita Estadual, etc.

Cada empresa possui características que são exclusivas do ramo de atividade de atuação, e essas particularidades dão o formato para a estrutura dos cargos, pois, dependendo das atividades desenvolvidas, a descrição precisa ter um estilo diferenciado para estabelecer a melhor dinâmica. Diante do exposto, conheça, a seguir, três modelos de desenho de cargos.

Modelo clássico

Este modelo foi estabelecido no início do século XX por Frederick Taylor e Henry Fayol. O foco foi fundamentado no trabalho para fins de projeção dos cargos, definição dos métodos padronizados e no treinamento dos funcionários para obtenção de uma maior eficiência. O cargo é determinado com base na divisão do trabalho e na fragmentação das tarefas, em que separa rigidamente o pensar e o executar das atividades, pois quem pensa é a gerencia e quem executa é o operário. Portanto, o chefe manda e operário obedece e executa normalmente atividades repetitivas e de pouca complexidade, por exemplo, o funcionário é um apêndice das máquinas, um simples recurso produtivo (CHIAVENATO, 2008).

Modelo humanístico

Este modelo surgiu em meados de 1930, a partir dos estudos de Elton Mayo. O foco principal foi a reação ao mecanismo clássico, que era o único utilizado. O principal foco era a substituição da engenharia industrial pelas ciências sociais, a organização formal pela informal, a chefia pela liderança, o incentivo salarial pelas recompensas sociais e simbólicas e outras melhorias. Nesse modelo, surgem os conceitos de liderança, motivação, comunicação e questões relacionadas às pessoas e à supervisão. Saliento que, apesar do foco ser direcionado para as pessoas, a consulta e a participação dos funcionários não altera em nada a execução das tarefas e o fluxo de trabalho, por exemplo, os funcionários realizam as tarefas e, ao mesmo tempo, recebem atenção nas suas relações no contexto de trabalho (CHIAVENATO, 2008).

Modelo contingencial

Este modelo é o mais atual e possui uma abordagem mais abrangente e mais complexa, pois considera três aspectos concomitantes: as pessoas, a tarefa e a estrutura da empresa, tendo como resultado o circunstancial e a equivalência, nunca sendo fixa ou padronizável. Esse modelo é mais dinâmico e se baseia na contínua alteração e revisão de cargo, possuindo participação da área gerencial e operacional nas suas atualizações. Podemos considerar como mutável, pois é modificado conforme o desenvolvimento pessoal do profissional que ocupa o cargo. Chiavenato (2008) entende que o modelo contingencial tem referência à utilização de capacidades de autodireção e de autocontrole dos trabalhadores e, também, os objetivos definidos entre os ocupantes e o seu gerente. Por exemplo, o funcionário possui atividades diversificadas em sua rotina de trabalho, o que possibilita maior liberdade para planejar e programar o trabalho.

Você conheceu os diferentes modelos de desenho de cargos e, agora, pode refletir sobre as características que o seu ambiente de trabalho possui e também identificar em qual modelo a sua organização está inserida. Se pensarmos que os modelos apareceram em momentos da história bem distintos, ainda é possível identifica-los nas organizações. Portanto, antes de iniciar a descrição dos cargos, é imprescindível que se identifique o tipo de empresa na qual será feito o levantamento, para que as atribuições/tarefas, sejam relacionadas corretamente.

Quando a descrição de cargos é feita de forma coerente, ela se torna de fácil compreensão para qualquer colaborador.

Saiba mais

Para complementar o seu conhecimento, pesquise sobre as metodologias para a análise de cargos e conheça mais informações sobre os quatro métodos mais populares: análise funcional de cargos, sistema de questionário de análise de posição, método do incidente crítico e análise informatizada de cargos.

Referências

BOHLANDER, G.; SNELL, S.; SCHERMAN, S. *Administração de recursos humanos*. São Paulo: Cengage Learning, 2009.

CHIAVENATO, I. *Gestão de pessoas*. 6. ed. Rio de Janeiro: Elsevier, 2008.

LACOMBE, F. *Recursos humanos:* princípios e tendências. 2. ed. São Paulo: Saraiva, 2011.

MARRAS, J. P. *Administração de recursos humanos:* do operacional ao estratégico. 13. ed. São Paulo: Saraiva, 2009.

ZIMPECK, B. G. *Administração de salários*. 7. ed. São Paulo: Atlas, 1996.

Remuneração

Objetivos de aprendizagem

Ao final deste texto, você deve apresentar os seguintes aprendizados:

- Identificar os principais aspectos relacionados ao processo de remuneração.
- Relacionar o papel do gestor no gerenciamento da remuneração e dos benefícios como vantagem competitiva.
- Analisar a importância do processo remuneratório para o gerenciamento da equidade interna e externa na organização.

Introdução

Para os profissionais de diversas áreas, é relevante conhecer o processo de remuneração, pois nele são oportunizadas ferramentas que têm como objetivo a atração e a retenção dos colaboradores nas organizações.

A igualdade de condições de trabalho demonstra a valorização que é dada aos profissionais das mais diversas categorias. Essa premissa é considerada no gerenciamento do processo de remuneração por parte dos gestores, empregadores e empregados.

Neste capítulo, você aprofundará seus conhecimentos sobre o processo de remuneração, bem como o seu gerenciamento, além de conhecer as etapas que compõem a implantação deste sistema.

Principais aspectos do processo de remuneração

No decorrer dos anos, no âmbito organizacional, a área de gestão de pessoas teve uma ascendente valorização, pois, anteriormente, as pessoas eram vistas apenas como pedaços de uma grande engrenagem, porém, hoje elas são consideradas uma fonte de vantagem competitiva. Não existem mais questionamos sobre a importância de um colaborador, porque ele é visto como fator indispensável para o desempenho organizacional e responsável pelo diferencial do processo. Dessa forma, se torna fundamental e necessário o reconhecimento, por parte das empresas, por meio de recompensas. Os sistemas de recompensas são as promoções, as participações em congressos e eventos, o acesso aos programas de capacitações e, sem dúvida, a própria remuneração (Limongi-França, 2012).

De acordo com Lacombe (2011, p. 176):

> Remuneração é a soma de tudo o que é periodicamente pago aos empregados por serviços prestados: salários, gratificações, adicionais (por periculosidade, insalubridade, tempo de serviço, trabalho noturno e horas extras), bem como todos os benefícios financeiros, como prêmios por produtividade, participação nos resultados e opção de compras de ações, entre outros.

Antes de prosseguir, vamos conhecer as principais diferenças entre os termos recompensa, remuneração e salário? Assim, você terá um entendimento completo e não irá confundir as palavras, achando que são expressões com o mesmo sentido, conforme apresentado no Quadro 1.

Quadro 1. Diferenças entre recompensa, remuneração e salário.

Recompensa	Remuneração	Salário
É o elemento essencial de um plano de gestão, pois considera os elogios, as promoções, as participações em eventos, os programas de capacitações e a própria remuneração.	É mais que um salário, pois envolve a remuneração variável e os benefícios.	Parte fixa da remuneração, percebida como dinheiro e paga de forma regular, geralmente mensal.

Fonte: Adaptado de Limongi-França (2012).

Existem diversos aspectos que envolvem a remuneração, conforme você pode observar no Quadro 2.

Quadro 2. Aspectos da remuneração.

Aspectos sociais	No sistema social, o *status* e o prestígio do colaborador possuem relação direta com a sua renda (salário). Para vários colaboradores, é somente isso que importa.
Aspectos psíquicos	O salário é considerado como um fator essencial no estímulo da produção de eficiência de um colaborador.
Aspectos organizacionais	Os salários são diferentes de acordo com o nível hierárquico e, com isso, é reforçada a estrutura organizacional.
Aspectos econômicos	Para o funcionário, o salário estabelece a renda e a sua sobrevivência; para a empresa, simboliza o custo de produção que possui e a relação com as leis de oferta e procura de mão de obra. Portanto, quando a mão de obra é grande, os salários despencam.
Aspectos institucionais	Os salários percebidos estão relacionados à legislação trabalhista e aos acordos coletivos de trabalhos feitos pelos sindicatos.
Aspectos políticos	Os salários pagos pela empresa sofrem influência dos sindicatos, dos empregados e das próprias organizações.
Aspectos éticos	É importante que o salário pago para os colaboradores seja justo, tanto para o empregado como para a empresa.

Fonte: Adaptado de Limongi-Fraça (2012); Leme e Belcher apud Albuquerque (1982).

Segundo Dutra (2016), a remuneração pode ser dividida em categorias, como você pode ver a seguir.

- **Remuneração direta:** são os valores (dinheiro) que o funcionário recebe pelo trabalho executado. Existem duas formas de recebimento da remuneração direta:
    - remuneração fixa — o valor combinado entre o colaborador e empresa é pago regularmente pelo trabalho executado, a frequência do

pagamento mais habitual é a mensal, porém pode ser combinado o pagamento semanal ou diário.
- remuneração variável — são pagos valores para o trabalhador em prol dos resultados obtidos. Um dos principais objetivos dessa remuneração é incentivar os funcionários na superação dos seus níveis de desempenho. A remuneração variável pode ser classificada em três grupos: remuneração por resultados, participação nos lucros e participação acionária.

Os colaboradores podem ter uma ou outra forma de remuneração direta ou receber a combinação de ambas. No Quadro 3 você pode ver exemplos das remunerações fixa e variável.

Quadro 3. Componentes básicos da remuneração.

Remuneração fixa	**Salário:** definido conforme o valor dos profissionais para a organização; considera a política salarial, o mercado de trabalho, a legislação, as condições financeiras da empresa/setor de atividades, etc.
	Benefícios: assistência médica, seguro de vida, auxílio-transporte/alimentação, clube, etc.
Remuneração variável	**Curto prazo:** participação nos lucros e resultados, comissionamento de vendas, etc.
	Longo prazo: participação acionária.

Fonte: Adaptado de Hipólito e Reis (2002); Limongi-França (2012).

- **Remuneração indireta:** são os **benefícios** que o trabalhador recebe em prol do seu trabalho. Em geral, é complementar a remuneração direta e tem como intenção oferecer maior segurança e conforto para os trabalhadores, não sendo um objeto de distinção entre os colaboradores, mas sim de satisfação por terem mais um benefício. Exemplos: folga no dia do aniversário do colaborador, pagamento parcial da inscrição no vestibular, liberação de horas semanais para o trabalho voluntário, ginástica laboral, auxílio-combustível, presentes em datas especiais (casamento, nascimento de filhos e aniversário), etc.

De acordo com Dutra (2016, p. 197), podemos dizer de forma simplista que a remuneração direta é representada pelo dinheiro que colocamos em nosso bolso e a remuneração indireta é representada pelo dinheiro que não retiramos do bolso.

Existem dois pontos de vista que merecem ser analisados quando tratamos da remuneração ideal: o ponto de vista de quem a recebe e o de quem paga. Vamos conhecer essas definições.

- Na visão de quem recebe, a remuneração justa é aquela que, no mínimo, cobre todas as despesas e proporciona um padrão de vida razoável. Essa é a visão do colaborador.
- Na visão de quem paga, a remuneração justa é aquela que mantém o funcionário satisfeito em sua função e proporciona uma folha de pagamento ajustada à realidade do negócio. Essa é a visão da empresa (Lacombe, 2011).

Fique atento

A satisfação salarial é obtida pela diferença entre o valor que o indivíduo recebe e o que ele acredita ser justo receber. Esse sentimento de "justiça" estará sempre presente quando o assunto em questão for remuneração. A percepção do quanto cada pessoa deveria receber é construída a partir da necessidade individual de cada um e da comparação entre os salários adotados na empresa e fora dela, sempre considerando o cargo que se ocupa (LACOMBE, 2011).

Benefícios

No princípio, a disponibilização de benefícios para os colaboradores era para suprir as suas necessidades básicas, porém, com o tempo, os benefícios se tornaram instrumentos de atração e retenção de colaboradores e candidatos a oportunidades na empresa (Limongi-França, 2012).

Os benefícios podem ser considerados, de acordo com a sua natureza, assistenciais, recreativos e serviços. Conheça, a seguir, um pouco mais sobre cada uma das naturezas dos benefícios.

- Assistenciais: promovem para o empregado e a sua família um suporte diferenciado em caso de imprevistos, por exemplo, assistência médica, assistência financeira, previdência privada, etc.
- Recreativos: promovem para o empregado e sua família diversão e lazer, por exemplo, clubes para associação, colônia de férias, concursos culturais, etc.
- Serviços: promovem a melhoria da qualidade de vida, por meio das facilidades e dos serviços oferecidos, por exemplo, estacionamento da empresa, restaurantes, etc.

Para as empresas, a gestão de benefícios é muito importante e exige bastante atenção, por ser considerada complexa. Você deve estar se perguntando, por que essa gestão é considerada complexa? Primeiramente, em razão das despesas anuais, que são significativas no orçamento e chegam próximo a 25% dos custos totais da folha de pagamento. Em segundo lugar, uma empresa que oferta um benefício hoje não consegue mais cancelá-lo. Por esse motivo, uma vez que for concedido o benefício ele se mantém pelo decorrer dos anos, contudo, se a empresa necessitar cancelar o benefício, o setor jurídico da deve se envolver no processo e verificar as possibilidades. Por fim, em terceiro lugar, nem sempre os investimentos realizados na aquisição dos benefícios são equiparados ao valor que os funcionários recebem. Por exemplo, uma determinada empresa oferece assistência odontológica e alguns colaboradores não solicitam a adesão ao plano, pois são beneficiários de seus cônjuges em outros planos ou já possuem planos particulares. Quando uma empresa opta por um outro benefício, deve estar ciente dos resultados que espera, por meio de análises completas (Limongi-França, 2012).

Processo de remuneração

Você vai conhecer, agora, dois conceitos interessantes e relacionados ao processo de remuneração.

Conceito de salário

Existem muitas formas para definirmos o termo salário, que dependem da representatividade que ele tem para a empresa e para o funcionário. Veja no Quadro 4 as terminologias mais utilizadas.

Quadro 4. Definições de salário.

Tipo de salário	Definição
Salário nominal	É aquele que consta na ficha de registro, na carteira profissional e em todos os documentos legais. Pode ser expresso em hora, dia, semana, mês, etc.
Salário efetivo	É o valor efetivamente recebido pelo empregado, já descontadas as obrigações legais (INSS, IR, etc.).
Salário complessivo	É o que tem inserido no seu bojo toda e qualquer parcela adicional (hora extra, etc.)
Salário profissional	É aquele cujo valor está expresso na lei e se destina especificamente a algumas profissões (p. ex., médicos, engenheiros).
Salário relativo	É a figura de comparação entre um salário e outro na mesma empresa.
Salário absoluto	É o montante que o empregado recebe, líquido de descontos, e que determina o seu orçamento.

Fonte: Marras (2009, p. 92).

Conceito de piso da categoria

Todas as empresas são regidas por acordos coletivos ou dissídios coletivos. Neste documento, são atribuídas diversas informações, uma delas é o valor do piso salarial. O piso salarial é o menor salário atribuído a um colaborador dentro de determinada categoria de trabalhadores. A empresa não pode pagar para nenhum funcionário um salário menor do que o sancionado neste documento. Por exemplo, se vocês verificar o último acordo coletivo do sindicato do comércio da sua região, em geral, nas primeiras páginas, constará as informações relacionadas ao piso da categoria.

Link

Conheça mais sobre piso da categoria ou piso salarial, acessando o site:

https://goo.gl/4JuBnb

Gerenciamento da remuneração e benefícios como vantagem competitiva

Os profissionais se sentem valorizados quando são bem remunerados, por isso as organizações precisam estar atentas ao salário e aos benefícios atribuídos para cada uma das ocupações existentes em sua estrutura funcional, para, assim, possuírem um quadro de colaboradores satisfeitos e estarem equiparadas com as práticas do mercado de trabalho (Dutra, 2016).

Segundo Marras (2009), o processo remuneratório possui algumas etapas para a sua implementação. Essas etapas são norteadoras para um bom gerenciamento do processo remuneratório e para a atribuição de benefícios vantajosos aos colaboradores. Conheça um pouco mais sobre cada uma das etapas no Quadro 5.

Quadro 5. Etapas do gerenciamento da remuneração.

Análise da função (análise de cargos)	Etapa em que são realizados levantamentos para entender melhor as atribuições de um cargo. Em geral, são utilizados como parâmetros alguns questionamentos, como o que o ocupante do cargo faz, como faz e por que o ocupante faz determinada atividade. As metodologias mais utilizadas são observação *in loco*, entrevista com o ocupante do cargo, questionário a ser preenchido pelo ocupante e método combinado. Nessas metodologias são analisados os requisitos mentais e físicos, as responsabilidades e as condições de trabalho.
Descrição de cargos	É o procedimento em que são agrupadas e sintetizadas as informações que foram coletadas no passo anterior (análise de funções), sendo padronizados os registros para que o acesso seja facilitado e ágil. Nessa etapa, são anotadas as atribuições que envolvem um cargo, como experiência, escolaridade, responsabilidades, condições de trabalho, grau de complexidade de uma tarefa, conhecimentos, entre outras informações pertinentes ao cargo.

(Continua)

(Continuação)

Quadro 5. Etapas do gerenciamento da remuneração.

Avaliação de cargos	Etapa em que são avaliados os cargos que foram descritos anteriormente, sendo realizado um trabalho descritivo e, sequencialmente, um trabalho avaliativo, no qual são realizados cálculos matemáticos e de julgamento. O profissional que estiver envolvido nessa etapa precisa ter excelentes conhecimentos matemáticos e estatísticos para que o resultado final seja satisfatório. Os passos para a avaliação de cargos são: escolha dos fatores, montagem do manual de avaliação dos cargos, montagem da tabela de avaliação, determinação dos pesos e tratamento estatístico, criação dos formulários de avaliação, avaliação de cargo por cargo e tabela de classificação de cargos. As metodologias de avaliação dos cargos mais utilizadas são: escalonamento, ordenação, pontos, comparação de atores e avaliação de cargos gerenciais.
Pesquisa de salários	A pesquisa salarial é considerada uma ferramenta de gestão que proporciona compreender, por meio da coleta e da tabulação estatística de dados, quais são os salários praticados no mercado e a média de valores pagos. Não existe uma metodologia única para ser utilizada, mas sim uma que seja adequada e que atenda especificamente aos interesses da organização.
Política de remuneração (política salarial)	É uma etapa fundamental para as empresas, pois nela são fixados os padrões que as organizações desejam para a sua estrutura organizacional. Nessa fase, são criadas e desmembradas diretrizes para que normas e procedimentos sejam implantados. Exemplo de itens que contêm uma política de remuneração: manual de descrição de cargos, manual de avaliação de cargos, classificação e faixas de cargos, faixas salariais, aumentos por mérito, promoções, manutenção das estruturas, pesquisas salariais, reajustes gerais, controles, revisão das descrições, revisão das avaliações de cargos, novos cargos, etc.

Fonte: Elaborado pela autora a partir de Marras (2009).

Após a conclusão do processo remuneratório, é importante que o planejamento da empresa esteja adequado, promovendo a satisfação dos funcionários no emprego, atribuindo desafios no trabalho, tarefas interessantes, remuneração adequada e justa, um gestor competente e carreiras gratificantes. É impossível afirmar que os colaboradores realizariam suas atividades de trabalho se não fosse pelo salário que percebem. Os colaboradores visam sistemas de remuneração adequados com a sua perspectiva e, também, de acordo com as suas expectativas. É entendido pela gestão de recursos humanos que o pagamento do salário é necessário porque proporciona aos colaboradores uma recompensa concreta pelos serviços que são prestados, além de ser um grande fator de reconhecimento e uma fonte de sobrevivência para os trabalhadores (BOHLANDER; SNELL; SCHERMAN, 2009).

A maioria dos gestores entendem que a forma de remuneração praticada pelas empresas é a maneira de propagação do que é significativo para a organização e referente às atividades que ela gostaria que fossem realizadas por seus funcionários. Portanto, um programa de remuneração estratégica bem desenhado é fundamental para que o salário e os benefícios atribuídos aos colaboradores os motivem na sua produção diária, tornando o investimento/custo da organização justificável. Os gestores têm papel essencial no gerenciamento da remuneração, pois acompanham a sua equipe no dia a dia de trabalho e mantém alinhadas atividades desenvolvidas com os objetivos da empresa, consequentemente, um sistema de remuneração claro e completo auxilia os gestores nesse gerenciamento (BOHLANDER; SNELL; SCHERMAN, 2009).

Link

Conheça mais sobre o que é remuneração estratégica, acessando o site:

https://goo.gl/8xkVRe

Processo remuneratório no gerenciamento da equidade interna e externa

O aumento da competitividade no cenário empresarial atual reforça a necessidade da manutenção de um equilíbrio entre os salários pagos pelas empresas e os que são praticados pelo mercado, pois o pagamento em níveis superiores poderá impactar na capacidade competitiva, e o pagamento inferior poderá dificultar a atração e a retenção de profissionais competentes para a organização (DUTRA, 2016).

Pode-se dizer que o salário é um fator de satisfação de curta duração, pois pouco adianta um salário competitivo diante de um ambiente organizacional com problemas, falta de benefícios justos ou perante um clima de insegurança. Porém, não se pode negar que o salário influencia na adesão e no comprometimento dos colaboradores para com a empresa, fator indispensável perante à competitividade do mundo globalizado (DUTRA, 2016).

O sistema de remuneração bem desenvolvido é um fator de atração e retenção de pessoas. Embora não seja o único, comprova a importância das organizações em possuir mão de obra qualificada como diferencial competitivo, evidenciando a importância das práticas salariais para as empresas em razão do atual contexto de forte concorrência (DUTRA, 2016).

Segundo Limongi-França (2012), os modelos de remuneração, em sua essência, buscam estabelecer a equidade interna e externa em relação aos salários pagos, conforme detalhado a seguir.

- Equidade interna: significa estabelecer justiça e remunerar as pessoas pela importância dos cargos que ocupam, pelas responsabilidades que assumem e pelos resultados que geram para a organização.
- Equidade externa: significa a realização de práticas salariais compatíveis com o mercado de trabalho para cargos similares.

De acordo com Dutra (2016, p. 200):

> Algumas empresas buscam criar um composto de remuneração que permita manter uma equidade com o mercado e, ao mesmo tempo, atender ao máximo das necessidades de seus empregados. Infelizmente, esse esforço é ainda reduzido em razão das carências do povo brasileiro. Portanto, ao pensarmos em remuneração, não é suficiente limitarmo-nos a uma análise de equidade interna e externa; é imperioso analisar soluções criativas para atendê-las.

Link

Conheça o significado literal de equidade no seguinte link:

https://goo.gl/Kdp9nC

Pense, agora, nos fatores internos e externos e como eles podem influenciar na composição salarial atribuída aos colaboradores. É necessário entender quais são os principais fatores que interferem na composição e na definição de determinado salário. Em geral, essa etapa é realizada na pesquisa salarial. No Quadro 6, você verá os principais fatores que influenciam na composição de um salário.

Quadro 6. Composição salarial.

Fatores internos	Fatores externos
■ Valor do trabalho ■ Valor relativo do trabalho ■ Fôlego financeiro da empresa	■ Mercado de trabalho ■ Custo de vida ■ Negociação sindical ■ Legislação

Saiba mais

Muitos economistas clássicos entendiam que o salário básico pago seria o necessário para que a pessoa subsistisse e também auxiliasse na sua capacidade reprodutora. Quando foi criado o salário mínimo, foi esta a preocupação, porém, hoje em dia, já podemos adicionar outros elementos que são necessários para a população, como educação, dignidade e educação para os filhos. Com o passar do tempo, cada vez mais as pessoas necessitam de outros elementos (DUTRA, 2016).

Evolução dos sistemas de remuneração

Independentemente da maneira como os funcionários são remunerados e do momento em que a pessoa é empregada, a remuneração é fator primordial e o elo de ligação das empresas com os trabalhadores. Afinal de contas, todos dependem de remuneração para sobreviver (DUTRA, 2016).

Outra questão importante quando falamos em remuneração, refere-se à equiparação salarial, pois é natural que os profissionais que ocupam cargos com o mesmo nível de responsabilidade queiram ser remunerados igualitariamente (DUTRA, 2016).

A igualdade de condições é vista pelo colaborador como uma questão de justiça, além de demonstrar a valorização de seu desempenho. Esta é uma exigência cada vez maior dos profissionais competentes e que precisa ser considerada para atrair e reter profissionais (DUTRA, 2016).

A gestão de cargos e salários é uma função estratégica dentro de qualquer organização. Antigamente, as pessoas que atuavam nessa área eram chamadas de profissionais de cargos e salários. Hoje em dia, elas são reconhecidas como profissionais de remuneração. As pressões originadas pelo mercado na busca de novas condições competitivas determinaram um realinhamento das organizações, de seu modelo, de sua gestão e, por consequência, de seus sistemas de remuneração.

Referências

ALBUQUERQUE, L. G. *Administração salarial e aspectos comportamentais em instituições de pesquisa e desenvolvimento*. 1982. 236 f. Tese (Doutorado em Administração) – Faculdade de Economia, Administração e Contabilidade - Universidade de São Paulo, São Paulo, 1982.

BOHLANDER, G.; SNELL, S.; SCHERMAN, S. *Administração de recursos humanos*. São Paulo: Cengage Learning, 2009.

DUTRA, J. S. *Gestão de pessoas*: modelo, processos, tendências e perspectivas. São Paulo: Atlas, 2016.

HIPÓLITO, J. A. M.; REIS, G. G. A avaliação como instrumento de gestão. In: FLEURY, M. T. L. (org.). *As pessoas na organização*. 1. ed. São Paulo: Gente, 2002, p. 73-86.

LACOMBE, F. *Recursos humanos:* princípios e tendências. São Paulo: Saraiva, 2011.

LIMONGI-FRANÇA, A. C. *Práticas de recursos humanos*: conceitos, ferramentas e procedimentos. São Paulo: Atlas, 2012.

MARRAS, J. P. *Administração de recursos humanos*: do operacional ao estratégico. 13. ed. São Paulo: Saraiva, 2009.

Carreira

Objetivos de aprendizagem

Ao final deste texto, você deve apresentar os seguintes aprendizados:

- Identificar as principais etapas relacionadas ao desenvolvimento de carreira.
- Identificar as principais ações do desenvolvimento de carreira e o papel do gestor.
- Analisar o referencial teórico sobre o conceito de carreira para compreender o papel da pessoa e da organização em sua definição e seu gerenciamento.

Introdução

Atualmente, é comum as pessoas estarem mais preocupadas com a sua carreira, a qual compreende as atividades que são realizadas ao longo da vida. Ao escolher uma carreira, existem duas dimensões: a pessoa possuir compatibilidade com a carreira escolhida e o próprio processo de sua escolha, que envolve três estágios, sendo necessário considerar, concomitantemente, os fatores externos, os quais são fortes influenciadores.

Para que a escolha da carreira seja mais assertiva, é imprescindível que a pessoa se conheça na íntegra, a fim de realizar um planejamento coerente, não devendo esperar pela empresa na qual está inserida, pois ela não é a única responsável pela condução desse procedimento.

Neste capítulo, você aprofundará seus conhecimentos sobre carreira, entendendo os principais aspectos relacionados ao seu desenvolvimento e o papel da pessoa e do gestor.

Principais etapas do desenvolvimento de carreira

Será que atualmente todos se preocupam com a sua carreira profissional? Essa deveria ser uma preocupação comum, porém, existe uma relutância natural referente ao planejamento dessa trajetória, pois a maioria das pessoas não possui estímulos suficientes e não têm essa questão intrínseca em seu comportamento. Isso é decorrente, muitas vezes, da falta de estímulos ou porque pensar na sua carreira é algo realizado apenas em momentos de crise pessoal ou do mercado de trabalho. No Brasil, a resistência ao planejamento de carreira é ainda maior, porque os profissionais norteiam suas carreiras de trabalho baseados em remuneração, *status*, prestígio, preferências pessoais etc. e esquecem de outros fatores importantes (DUTRA, 2016).

Com o passar dos anos, as pessoas foram tendo alterações posturais em relação ao seu desenvolvimento pessoal. Na década de 1990, o foco estava relacionado à autonomia e à liberdade dentro de uma organização, a qual se sentia forçada a ter condutas mais abertas, tendo mais reciprocidade com os seus profissionais. As empresas que aderiram a essa conduta possuem uma condição superior as demais, pois geram nos colaboradores o sentimento de comprometimento com os seus valores e objetivos. Porém, as que não aderiram a essa cultura são mais controladoras, autoritárias e não conseguem consolidar o sentimento de comprometimento da sua equipe. Um fato interessante dessa década é que os profissionais se preocupavam com o seu desenvolvimento e estavam dispostos a realizar investimentos com a ajuda da organização ou sem ela (DUTRA, 2016).

Já na primeira década dos anos 2000, a população constatou que iria viver por um período maior, e esse aumento da perspectiva de vida criou outras exigências e possibilidades, como manter-se útil, manter-se independente financeiramente e manter a qualidade de vida.

Com o aumento da expectativa de vida, os profissionais dividem as suas carreiras em fases com períodos menores, sendo indispensável ter mais de uma ocupação ao longo da sua trajetória profissional, esse acontecimento é conhecido por transição de carreira. Após alguns anos, compreendeu-se que, para galgarem mais possibilidades de desenvolvimento dentro das organizações, as pessoas necessitavam fortalecer os seus conhecimentos e precisavam ser um especialista e também generalista na sua área de atuação, o que não é uma tarefa fácil (DUTRA, 2016).

As pessoas possuem uma carreira, desejando-a ou não, que é determinada por ser um processo de vivências profissionais que acontece ao longo de suas vidas. Se você refletir a terminologia, a carreira não considera apenas o trabalho remunerado ou profissional, ou os profissionais que trabalham em uma única atividade durante toda a vida, bem como não deve ser referenciada apenas às atribuições exclusivas e não tem relação com a evolução de remuneração ou *status*. Portanto, qualquer trabalho, remunerado ou não, que for realizado pelo indivíduo em períodos determinados, pode conceber uma carreira. Ao ponderar sobre isso, percebe-se que não é necessário ter um trabalho formalizado para considerar que você tem uma carreira, pois ela pode se referir aos estudos, às atividades autônomas ou ao trabalho voluntário etc. (ROBBINS, 2005).

Para que um colaborador seja comprometido com os propósitos da empresa, é fundamental que exista uma excelente gestão da remuneração; consecutivamente, se existe uma boa gestão de carreira, há inúmeras possibilidades de crescimento dentro da organização. Uma forma bem aceita e muito almejada pelos funcionários são as promoções, pois elas geram grande satisfação e possibilidades de crescimento, além de promoverem a construção de uma carreira de sucesso.

Por exemplo, imagine um colaborador que hierarquicamente atua em um nível mais baixo dentro da empresa, será que ele sonha em ser um gerente ou até mesmo o diretor dela? A resposta é sim, boa parte dos funcionários têm o desejo de ser promovidos um dia e, por isso, as promoções oferecidas pelas organizações são tão desejadas (LIMONGI-FRANÇA, 2012).

Tipicamente, as pessoas acreditavam que a gestão da carreira era de total responsabilidade da empresa e entendida como algo já definido, que estava pronto e poderia guia-las para o êxito profissional e para uma vida mais confortável e com riquezas. Logo depois, foram percebidas as problemáticas e os obstáculos existentes no ambiente de trabalho, além de todas as reorganizações e os enxugamentos no quadro funcional e em diversas outras questões. Isso foi bem positivo, pois o indivíduo percebeu que precisa ter uma função mais ativa no gerenciamento da sua carreira e não esperar apenas pela empresa.

Nesse momento, a carreira começou a ser percebida como uma trajetória incerta e repleta de possibilidades e dúvidas, pois ela precisava ser formada e, aos poucos, os rumos foram sendo tomados. Na literatura, encontramos duas vertentes: uma focando mais no papel da pessoa; e outra, no da empresa (LIMONGI-FRANÇA, 2012).

Para que a gestão da carreira tenha êxito, é sugerido que ela seja distribuída nessas vertentes, porque por um lado, o indivíduo garante a competitividade profissional em longo prazo, se conduzir um bom planejamento, mas, por outro, é imprescindível que as organizações alicercem e promovam o desenvolvimento dos seus profissionais (LIMONGI-FRANÇA, 2012).

Ações do desenvolvimento de carreira e o papel do gestor

A falta de incentivo e estímulos diminui a tenacidade das pessoas em planejar a sua trajetória profissional, pois muitos a consideram como algo que deveria ser oferecido pela empresa e não guiado pelo indivíduo. As organizações motivam os funcionários no planejamento da sua carreira para que sejam mais competitivos e estejam em constante desenvolvimento, a fim de serem mais empreendedores. As maiores motivações são geradas em momentos de reestruturações na empresa, na melhoria da tecnologia, no surgimento de novos produtos e/ou serviços, em crises e falta de emprego etc. (LIMONGI-FRANÇA, 2012).

Segundo Limongi-França (2012), se uma pessoa não tem um projeto profissional que seja alimentado por seus princípios e crenças, ela tem um grande risco de enfrentar as seguintes situações:

- desconforto profissional — desmotivação, desinteresse e infelicidade na carreira são problemas que refletem diretamente na falta de autodesenvolvimento dos profissionais, tornando nulo ou extremamente pequeno o seu desenvolvimento;
- visão limitada das alternativas — pequenas alternativas de desenvolvimento profissional no mercado de trabalho e na empresa em que atua;
- queda em armadilhas profissionais — desgaste, estresse e nenhuma satisfação estão relacionados aos profissionais que usam mais os seus pontos fracos do que os fortes no desempenho de suas atividades.

O profissional que é perspicaz diminui os perigos da sua carreira, pois tem um direcionamento que preza em olhar primeiramente no seu íntimo, entendendo quais são seus aspectos positivos, o que lhe dá satisfação e o que ele faz de melhor. Após visualizar e entender todos os pontos positivos, ele guia a sua carreira para as oportunidades mais coerentes e que tenham relação com seu perfil. Esse tipo de atitude o torna mais assertivo e o aproxima da realidade, pois as suas melhores características estarão em evidência, e os pontos a melhorar serão trabalhados.

London e Stumph (1982) *apud* Limongi-França (2012) retratam um modelo de planejamento de carreira que resume de forma abrangente as premissas de diversos autores. Esse modelo define três tarefas que são de inteira responsabilidade da pessoa, conforme você verá a seguir.

1. **Autoavaliação:** devem ser avaliadas as suas particularidades com relação à qualidade, ao interesse e ao potencial.
2. **Estabelecimento dos objetivos de carreira:** após ser realizada uma autoavaliação das possibilidades oferecidas pela carreira, devem ser determinados alguns objetivos e implementado um plano de ação realista, que possa ser executado.
3. **Implementação do plano de ação:** nesse momento, serão realizadas as ações propostas no plano de ação para o alcance dos objetivos.

Na Figura 1, você conhecerá um processo mais detalhado do planejamento de carreira, que é composto de sete passos.

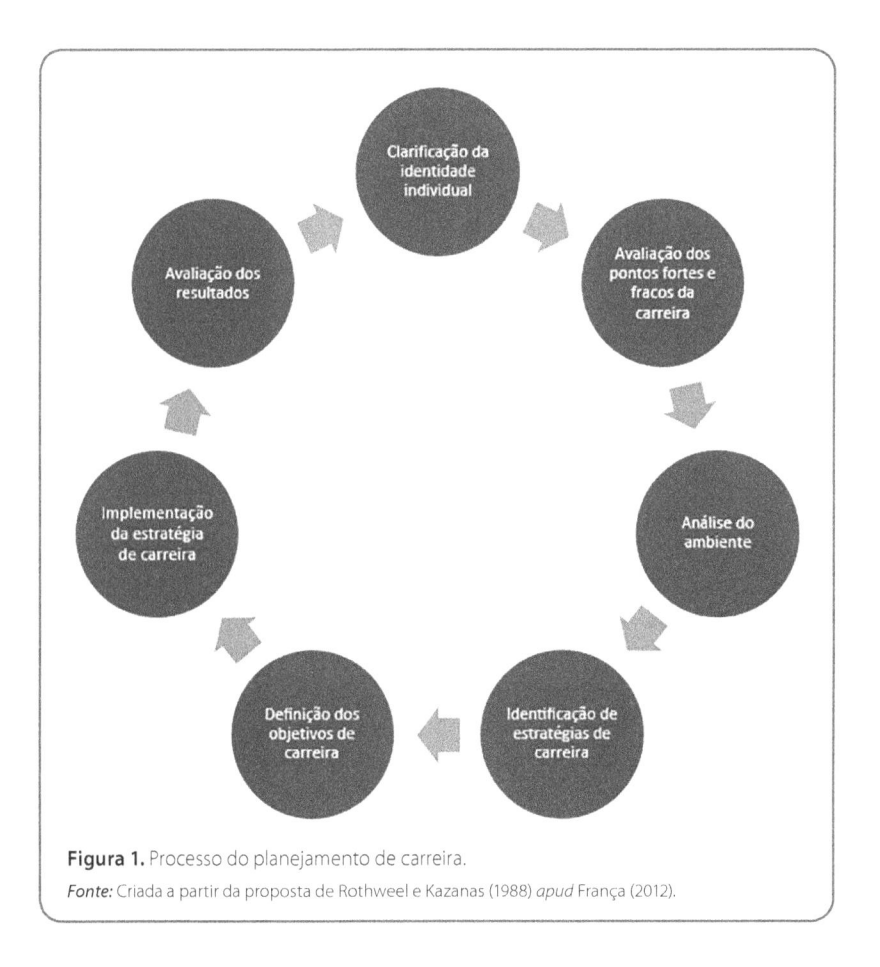

Figura 1. Processo do planejamento de carreira.
Fonte: Criada a partir da proposta de Rothweel e Kazanas (1988) *apud* França (2012).

As sete etapas apresentadas referem-se ao detalhamento do processo de planejamento de carreira, porém não são fáceis de serem cumpridas e requerem atenção e dedicação por parte do indivíduo. Ressalto a importância da autoavaliação, pois ela precisa ser feita com atenção, pois é a responsável em fundamentar as demais etapas deste processo e também nortear o processo do planejamento de carreira. Lembre-se, esta etapa necessita ser realizada com serenidade e a pessoa precisa ter um excelente autoconhecimento sobre si, para assim ter sucesso total no planejamento de carreira.

Link

Acesse o link ou código a seguir para conhecer mais sobre as possibilidades de planejamento de carreira.

https://goo.gl/6cTBkA

Influências na escolha da carreira

Todos são responsáveis pelo gerenciamento da sua carreira, bem como por todas as escolhas dentro da empresa e no mercado de trabalho, porém, sofrem diversas influências externas, como família, grupo de amigos, lugares que frequentam etc. Considerando isso, há duas teorias referentes à escolha de carreira, uma delas é a compatibilidade e a outra o processo de escolha.

Segundo Dutra (2016), na compatibilidade, as pessoas estão consumidas com a escolha de uma carreira que venha de encontro a seus interesses e necessidades, pois a atividade profissional dirige suas vidas. Há quatro características pessoais que explicam a compatibilidade de uma pessoa com a carreira: interesse, identidade, personalidade e experiência social. Nessa categoria, é dada uma ênfase maior em fundamentos que influenciam a escolha da carreira, proporcionando uma visão estática dessa escolha e uma ênfase muito pequena em como ela se processa, assim como os seus motivos.

Já no processo de escolha, com o passar dos anos, a pessoa naturalmente escolhe sua ocupação. Essa teoria foca mais no processo da escolha, no qual as perguntas são respondidas, e possui três estágios, conforme você verá a seguir.

1. **Estágio da fantasia:** ocorre durante a infância e é finalizado aos 11 anos.
2. **Estágio das escolhas e tentativas:** ocorre no período de 11 a 16 anos, é baseado nos interesses e subsequente na capacidade e nos valores.
3. **Estágio das escolhas realistas:** ocorre a partir dos 17 anos e é subdividido em três períodos — exploratório (considera as diversas opções de carreira); cristalização (aumenta o foco das escolhas de carreira; e especificação (é o momento em que a pessoa escolhe determinada carreira).

Papel do gestor no desenvolvimento de carreira

Você já deve ter percebido que é o principal responsável por sua carreira, mas qual o papel do gestor e da empresa nesse desenvolvimento? Eles são responsáveis por motivar e auxiliar os funcionários nesse processo, dando um bom suporte para suas carreiras. Ao pensar no gerenciamento da carreira, é importante que o indivíduo tenha conhecimento de si próprio, de qual projeto profissional quer seguir e, principalmente, tenha percepção de todas as oportunidades demandadas, tanto pela empresa na qual está atuando como pelo mercado profissional (DUTRA, 2016).

Agora que você já sabe que a empresa possui algumas responsabilidades e um papel grandioso nesse processo, conheça a natureza das decisões tomadas referentes à carreira. Segundo Dutra (2016), elas são divididas em três categorias, demonstradas nos itens a seguir.

1. **Definição estratégica:** é o agrupamento de decisões relacionadas às articulações do sistema de administração de carreiras, ou seja, são os fundamentos norteadores da gestão de recursos humanos, as estratégias organizacionais e as negociações da empresa.
2. **Definição do sistema de administração de carreiras:** está relacionada às tomadas de decisões associadas à estrutura técnica do sistema, portanto, são as decisões que constituem a sua sustentação e necessitam estar em consonância com as estratégias definidas pela empresa.
3. **Definição da metodologia de modelagem, implementação e atualização de sistema:** a existência do sistema de administração de carreiras só é conquistada se for considerada a cultura da organização, o momento em que está vivendo e as dificuldades que enfrenta. Sendo assim, os procedimentos empregados na idealização do sistema são cruciais para seu sucesso e sua assertividade.

É imprescindível que as empresas e os gestores compartilhem ativamente do planejamento de carreira dos seus funcionários, a fim de preservá-los satisfeitos e com utilidade para eles. Essa prática auxilia as organizações na manutenção dos colaboradores e, principalmente, na retenção dos profissionais mais talentosos, sem perdê-los para as concorrentes. Será que é fácil participar da gestão de carreira de todos os empregados? Muitas empresas possuem centenas ou até mesmo milhares de trabalhadores em seu quadro funcional, e cada profissional possui uma perspectiva diferente em relação a elas, por isso, para que a gestão funcione bem, é relevante que exista um sistema de gestão de carreira bem estruturado, com orientações pertinentes e que seja instrumento norteador para os gestores (LIMONGI-FRANÇA, 2012).

> **Fique atento**
>
> Um sistema de carreira não deve ser percebido como um processo fechado no qual os colaboradores necessariamente precisam se enquadrar, mas como uma maneira que a empresa tem para auxiliá-los no planejamento e que servirá como base da carreira dentro dela (LIMONGI-FRANÇA, 2012).

Há diversos fatores que norteiam a progressão da carreira, mas é preciso conhecer os limites e as ambições dos funcionários para que o gestor consiga auxilia-los e promover ações positivas que os deixem satisfeitos, não adianta nada uma empresa possuir um excelente sistema de carreira se os profissionais não souberem onde querem chegar.

Definição e gerenciamento de carreira

Pense em sua trajetória profissional, se você olhar para trás (passado), perceberá o caminho que trilhou e tudo que alcançou, porém, se tentar imaginar como será no futuro, provavelmente ficará sem respostas certas e notará que vive um caos, que precisa ser ordenado. Uma empresa que realiza a administração da carreira dos seus colaboradores compreende que tem diante dos "seus olhos" diferentes trajetórias profissionais e que a maioria delas está em construção (DUTRA, 2016).

Como a trajetória da carreira é imprevisível, é interessante conhecer as mais diferentes opiniões apresentadas por autores que estudam a caracterização do sistema de administração de carreiras.

> **Saiba mais**
>
> - Gutteridge (1986 apud DUTRA, 2016) caracteriza o sistema como um conjunto de instrumentos e técnicas que visa permitir a contínua negociação entre a pessoa e a organização.
> - Walker (1980 apud DUTRA, 2016) pensa o sistema como um conjunto de procedimentos que permite à organização identificar as pessoas mais adequadas as suas necessidades e que concede às pessoas planejar suas carreiras e implementá-las.
> - London e Stumpf (1982 apud DUTRA, 2016) procuram caracterizar o sistema na mesma linha adotada por Gutteridge, enfatizando, porém, as questões de planejamento e acompanhamento das necessidades da organização.
> - Leibowitz et al. (1986 apud DUTRA, 2016) caracterizam o sistema como constituído de diretrizes e instrumentos de gestão de carreira — integrados aos demais instrumentos de gestão de recursos humanos, estrutura de carreira e um conjunto de políticas e procedimentos que visam conciliar as expectativas das pessoas e da organização.

Para complementar o seu conhecimento e explorar os referenciais teóricos sobre o conceito de carreira, confira as visões de autores renomados no assunto. De acordo com Lacombe (2011, p. 77):

> Carreira é uma série de posições exercidas por uma pessoa ao longo de sua vida profissional. Com uma boa avaliação de pessoal e um bom plano sucessório, é possível programar a carreira de cada pessoa para exercer funções para as quais demonstre aptidões.

É preciso salientar, porém, que o principal responsável pela carreira de cada pessoa é ela própria. Segundo Robbins (2005, p. 458):

> [...] carreira é definida como um padrão de experiências profissionais que se estende por toda a vida de um indivíduo. O termo não se aplica apenas ao trabalho remunerado ou profissional, ou aquelas pessoas que passam a vida toda em um único emprego. O conceito também se refere exclusivamente ao trabalho em uma única ocupação, nem tem relação com a evolução do status ou da remuneração.

De acordo com London e Stump (1982 apud LIMONGI-FRANÇA, 2012, p. 236):

> Carreira são as sequências de posições ocupadas e de trabalhos realizados durante a vida de uma pessoa. A carreira envolve uma série de estágios e a ocorrência de transições que refletem necessidades, motivos e aspirações individuais e expectativas e imposições da organização e da sociedade. Da perspectiva do indivíduo, engloba o entendimento e a avaliação de sua experiência profissional, enquanto, da perspectiva da organização, engloba políticas, procedimentos e decisões ligadas a espaços ocupacionais, níveis organizacionais, compensação e movimento de pessoas. Estas perspectivas são conciliadas pela carreira dentro de um contexto de constante ajuste, desenvolvimento e mudança.

Segundo Hanashiro, Teixeira e Zaccarelli (2008, p. 77):

> A carreira compreende todos os passos dados durante a vida profissional, desde a adolescência, sejam vinculados a uma empresa (como funcionário), sejam como autônomo (por que não?), sejam como um empresário.

Depois de ler os referenciais teóricos sobre o conceito de carreira, você já é capaz de perceber que o gerenciamento está ligado às ocupações que são exercidas ao longo da sua vida — algumas delas estão relacionadas ao âmbito do trabalho; e outras, as mais diferentes trajetórias —, porém, todas elas compreendem na sua carreira. As empresas possuem um papel fundamental no apoio e na motivação da carreira de um funcionário e auxiliam em todo o processo de seu desenvolvimento.

Cabe ressaltar que as pessoas mais idosas entendem que a carreira é um processo de escala única. Por exemplo: o primeiro emprego é de *office-boy* e, após alguns anos, é possível crescer pouco a pouco dentro da mesma empresa, até se aposentar nela. Já uma pessoa que trocou de trabalho algumas vezes entende que é uma trajetória com altos e baixos, mas o jovem que está formado há pouco tempo compreende que é um cenário em branco que precisa ser colorido, desenhando o seu próprio caminho (HANASHIRO, TEIXEIRA, ZACCARELLI, 2008).

Ferramentas para o desenvolvimento de carreira

Para ser trilhado um planejamento de carreira, é necessário realizar uma reflexão sobre seu jeito de ser e agir. Já para ser eficiente, é importante que seja feito um planejamento por escrito, visualizado e explorado com frequência, a fim de ser seu guia para a vida profissional (HANASHIRO, TEIXEIRA, ZACCARELLI, 2008).

Imagine algum sonho que você possui e pense em como será daqui há dez anos, tente traçar objetivos para o constituir, pense quais ações irá tomar ao longo desse período e crie um plano de ação para cada situação que encontrar. Não parece um pouco difícil?

Segundo os autores Hanashiro, Teixeira e Zaccarelli (2008), há uma ferramenta que pode facilitar este processo. Você verá, na Figura 2, uma sugestão para ser utilizada no planejamento/desenvolvimento de carreira.

Situação profissional e objetivos para dez anos	
Descrição de sua situação profissional desejada em dez anos	
Objetivos a serem conquistados	
Objetivo 1	
Objetivo 2	
Objetivo 3	
Objetivo 4	
Objetivo 5	

OBJETIVO 1: __________

PLANO DE AÇÃO

O Que Fazer	Como Fazer	Quando		De Que/Quem Vou Precisar	Acompanhamento
		Início	Término		

Figura 2. Planejamento/desenvolvimento de carreira.
Fonte: Hanashiro, Teixeira e Zaccarelli (2008, p. 155-156).

Segundo Dutra (2016), existem três momentos preestabelecidos referentes ao desenvolvimento de carreira.

1. **O início:** quando se inicia uma carreira, é fundamental que a trajetória seja clara para as empresas e as pessoas. Geralmente, é concebível visualizar os requisitos e as exigências para ter acesso a ela.
2. **O crescimento:** quando ocorre o acompanhamento, por parte das empresas, referente às possibilidades de crescimento profissional, porém

nem sempre essa ação é constante, pois apenas as organizações que possuem uma boa estrutura conseguem determinar qual será a trajetória de crescimento.
3. **O final:** quando poucas pessoas possuem nitidez sobre como será o término da sua carreira profissional, é possível perceber que muitos profissionais já se encontram no teto das suas carreiras e não enxergam mais possibilidades de desenvolvimento dentro do grupo em que atuam.

Exemplo

Ferramentas que podem auxiliar no processo de desenvolvimento de carreira:
- Planejamento de desenvolvimento individual (PDI)
- Teste Myers-Briggs type indicator (MBTI)
- Análise *swot*
- Mapa mental
- Business model you
- Lista de metas

Não existe uma ferramenta que seja melhor do que a outra, e sim uma que seja mais adequada às suas necessidades e aos seus objetivos, portanto, um bom planejamento de carreira irá auxiliar o indivíduo a responder questionamentos simples e a norteá-lo na direção do seu desenvolvimento.

Saiba mais

Leia o livro *Identidade Profissional: como ajustar suas inclinações a suas opções de trabalho*, do autor Edgar H. Schein. Nele, o conceito de âncoras de carreiras é apresentado, ou seja, de como as características pessoais devem ser descobertas a fim de fazer a melhor opção profissional.

Referências

DUTRA, J. S. *Gestão de pessoas:* modelo, processos, tendências e perspectivas. São Paulo: Atlas, 2016.

HANASHIRO, D. M. M.; TEIXEIRA, M. L. M.; ZACCARELLI, L. M. (orgs). *Gestão do fator humano:* uma visão baseada em stakeholders. São Paulo: Saraiva, 2008.

LACOMBE, F. *Recursos humanos:* princípios e tendências. São Paulo: Saraiva, 2011.

LIMONGI-FRANÇA, A. C. *Práticas de recursos humanos:* conceitos, ferramentas e procedimentos. São Paulo: Atlas, 2012.

ROBBINS, S. P. *Comportamento organizacional.* 11. ed. São Paulo: Pearson Prentice Hall, 2005.

Treinamento

Objetivos de aprendizagem

Ao final deste texto, você deve apresentar os seguintes aprendizados:

- Reconhecer o processo de treinamento e suas principais etapas.
- Diferenciar o processo de treinamento do processo de desenvolvimento e o impacto para a organização e para as pessoas.
- Identificar os principais métodos de treinamento e de que maneira podem ser utilizados para alcançar a eficácia dos processos.

Introdução

A área de treinamento tem tido bastante destaque nos últimos anos, tanto para as organizações como para os colaboradores. Todos percebem seus benefícios. Atualmente, as empresas investem fortemente em treinamentos para o seu quadro funcional, com o intuito de desenvolver ainda mais habilidades, conhecimentos e atitudes dos seus funcionários.

Além dos treinamentos oferecidos pelas empresas, é possível adquirir qualificações em instituições de ensino e em outros locais que ofereçam programas que sejam adequados às necessidades das pessoas.

Neste capítulo, você compreenderá o funcionamento dos programas de treinamento e também as etapas que o compõem, bem como entender as principais diferenças entre treinamento e desenvolvimento.

Treinamento e suas principais etapas

O mercado de trabalho está mais exigente e as pessoas precisam estar cada vez mais qualificadas para atender às diversas demandas. As empresas sentem necessidade de ter funcionários competentes e motivados, pois assim o grau de produção aumenta e os resultados são positivos. Dificilmente uma organização tem poder de escolha sobre treinar ou não os seus colaboradores, pois, em geral, os funcionários são admitidos com as mais diversas qualificações, mas cada empresa tem as suas particularidades e precisa direciona-los de acordo com as suas necessidades (LACOMBE, 2011).

Quando se trata da área de treinamento, o setor de recursos humanos (RH), é o que mais se envolve nesse processo e tem como intenção manter os funcionários motivados e capacitados, objetivando a eficiência e a eficácia (LACOMBE, 2011).

Você deve estar se questionando sobre no que consiste o treinamento, ou para que ele serve e porque o utilizamos. Esses questionamentos são facilmente respondidos. As instituições realizam treinamentos com a intenção de possuir uma equipe que tenha um nível melhor de produtividade e consiga alcançar resultados superiores. As características e a credibilidade administrativas das empresas são os seus maiores tesouros e os "tesouros" são os funcionários, que, na maioria das vezes, precisam ser lapidados. Os gestores, por meio das suas vivências profissionais, trazem bagagens que possuem relação com os seus superiores atuais ou antigos (LACOMBE, 2011).

As características e a credibilidade administrativas das empresas são os seus maiores tesouros e os "tesouros" que atuam nas organizações são os funcionários, que na maioria das vezes, precisam ser lapidados. Os gestores, por meio das suas experiências profissionais, trazem vivencias das empresas que atuaram, sendo refletidas pelas relações que tiveram com os seus gestores anteriores, muitas vezes estes hábitos são trazidos e podem auxiliar ou atrapalhar o convívio com os gestores atuais (LACOMBE, 2011).

Segundo Lacombe (2011), existem três observações que merecem atenção sobre o treinamento:

- a ênfase que é dada ao treinamento no trabalho;
- o papel das chefias nesse tipo de treinamento;
- a importância da qualidade e da consistência da administração, como o maior patrimônio da empresa.

Fique atento

O treinamento deve ser algo contínuo e não proporcionado apenas para os novos empregados, pois deve ser aplicado como uma ação contínua e não como algo momentâneo e sem propósitos (LACOMBE, 2011).

No Quadro 1, você irá conhecer o conceito de treinamento segundo os principais autores da área.

Quadro 1. Conceitos de treinamento.

Autor	Ano de publicação	Página	Citação
Marras	2009	145	Treinamento é um processo de assimilação cultural a curto prazo, que objetiva repassar ou reciclar conhecimentos, habilidades ou atitudes relacionadas diretamente à execução de tarefas ou sua otimização no trabalho.
Lacombe	2011	380	Preferimos definir treinamento como qualquer atividade que contribua para tornar uma pessoa apta a exercer sua função ou atividade, para aumentar a sua capacidade para exercer melhor essas funções ou atividades, ou para prepará-la para exercer de forma eficiente novas funções ou atividades.
Limongi-França	2012	88	Treinamento é um processo sistemático para promover a aquisição de habilidades, regras, conceitos e atitudes que busquem a melhoria da adequação entre as características dos empregados e as exigências dos papéis funcionais.

Fonte: Marras (2009), Lacombe (2011) e Limongi-França (2012).

Os conceitos são bem interessantes e todos convergem para o aprimoramento das capacidades dos funcionários que atuam em determinada empresa, tendo como intuito melhorar suas habilidades para o exercício de suas atribuições ou capacitar algum funcionário para o exercício de uma nova atividade. Portanto, o treinamento tem como propósito o aprimoramento das capacidades técnicas e das competências de um profissional.

Quando um treinamento é aplicado, provoca alterações nos conhecimentos, habilidades e atitudes de um profissional, podendo ser um complemento para a sua atuação profissional ou, até mesmo, modificar sua forma de atuação dentro da empresa, esse conjunto de alterações é conhecido como CHA (conhecimento, habilidades e atitudes). Todos nós temos um histórico profissional que reflete a nossa trajetória, por esse motivo, os treinamentos possuem propósitos genéricos ou específicos e abordagens técnicas ou comportamentais, e têm como intenção auxiliar no aprimoramento das nossas capacidades (MARRAS, 2009).

Principais etapas do processo de treinamento

A maioria dos autores entendem que as etapas do processo de treinamento são divididas em quatro atividades: diagnóstico (levantamento de necessidades de treinamento), programação ou planejamento, implementação ou execução e avaliação, conforme você pode observar na Figura 1 (HANASHIRO; TEIXEIRA; ZACCARELLI, 2008).

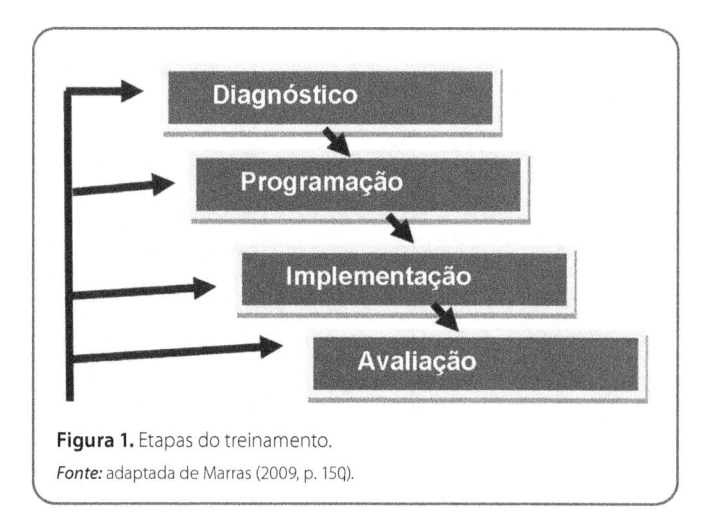

Figura 1. Etapas do treinamento.
Fonte: adaptada de Marras (2009, p. 150).

No Quadro 2, você vai conhecer cada uma das etapas que compõem o processo de treinamento e desenvolvimento dos funcionários de uma empresa.

Quadro 2. Etapas do treinamento.

Etapas	Considerações
Diagnóstico	Nesta etapa é possível constatar que as necessidades de treinamento e desenvolvimento dos funcionários não estão óbvias e que precisam ser diagnosticadas. Portanto, é necessário que seja realizada uma investigação para entender quais são as reais necessidades de treinamento. Alguns questionamentos podem ser utilizados para facilitar este processo: ▪ Por que treinar e desenvolver? ▪ Para que treinar e desenvolver? ▪ Quem deve ser treinado e desenvolvido? ▪ Quando deve ser treinado e desenvolvido? Nesta fase é executada a primeira análise comparativa entre as exigências organizacionais e o perfil atual dos funcionários, utilizando o levantamento das necessidades de treinamento.
Programação	Na segunda etapa, são feitas as análises das informações coletadas, sendo ponderada a realidade, a eficácia, a eficiência, as metas e os prazos, possibilitando que seja realizada a tomada de decisão referente às ações que serão implementadas. Os critérios que nortearam o planejamento/programação são estabelecidos nesta fase e, para auxiliar nesse processo, podem ser empregados alguns questionamentos, como: ▪ Qual a melhor forma de treinar e desenvolver? ▪ Que comportamentos devem ser modificados? ▪ O que deve ser ensinado? ▪ Como deve ser ensinado? ▪ Quanto deve ser ensinado? ▪ Quando deve ser ensinado? ▪ Onde deve ser ministrado? ▪ Quem deve treinar e desenvolver? ▪ Como deve ser ensinado?

(Continua)

(Continuação)

Quadro 2. Etapas do treinamento.

Etapas	Considerações
Implementação	O facilitador tem papel essencial, nesta fase, pois é o responsável por preparar as condições necessárias para que as atividades propostas tenham sucesso e que todas as vivências do processo de treinamento proporcionem aos funcionários um aprendizado e desenvolvimento satisfatórios. Portanto, é imprescindível que os facilitadores executem o que foi diagnosticado e programado nas etapas anteriores. Existem alguns fatores que podem atrapalhar a implementação do programa, entre eles a qualidade dos participantes, a qualidade dos recursos, as facilidades de comunicação, o envolvimento da administração superior, a flexibilidade do programa, etc.
Avaliação	Esta etapa é bastante importante e tem a finalidade de apurar se o objetivo do treinamento foi atingido ou não. É essencial que seja feita uma avaliação sensata e criteriosa dos resultados, sendo analisado se o treinamento gerou as modificações desejadas no comportamento dos funcionários e, principalmente, avaliar se os resultados têm relação com o alcance das metas da organização. A avaliação deve ser manifestada durante todo o processo, para, assim, ter um resultado final consistente e de acordo com o planejado.

Fonte: adaptado de Marras (2009), Hanashiro, Teixeira e Zaccarelli (2008).

Levantamento das necessidades de treinamento

O levantamento das necessidades de treinamento (LNT) é uma técnica utilizada na primeira etapa do processo de treinamento (a etapa de diagnóstico), que é norteada pelo planejamento estratégico da empresa e também pelas metas preestabelecidas nas áreas/setores dos quais os colaboradores pertencem, observando as habilidades que precisam ser desenvolvidas e o perfil deles. Depois que for aplicado o LNT, podem ser iniciadas as demais ações, pois com essa técnica é possível conhecer e regular carências entre o que a organização precisa e o que os colaboradores estão habilitados a oferecer (HANASHIRO; TEIXEIRA; ZACCARELLI, 2008).

De acordo com Marras (2009, p. 152):

> O LNT engloba a pesquisa e a respectiva analise pela qual se detecta o conjunto de carências cognitivas e inexperiências relativas ao trabalho existentes entre o conjunto de conhecimentos, habilidades e atitudes do indivíduo e as exigências do perfil do cargo.

Métodos para realização do LNT

No LNT, ocorrem pesquisas e coleta de dados, atividades que podem ser realizadas por meio da utilização de questionários, entrevistas individuais com funcionários e gestores, execução de testes ou exames, observações no local de trabalho, avaliação de desempenho, solicitação de um funcionário ou superior imediato, etc. (MARRAS, 2009).

Na Figura 2, veja um exemplo de questionário utilizado no LNT.

Questionário de levantamento de necessidades
(Agente de treinamento com executores — foco no cargo, no resultado e no ambiente)

Objetivo
- Coletar dados que possibilitem a identificação de necessidades de treinamento.

Instruções
- Leia atentamente o conteúdo de cada questão.
- Responda individualmente a cada questão de forma clara e objetiva.
- Coloque o questionário preenchido em envelope fechado ou entregue pessoalmente no Departamento de Recursos Humanos.
- As informações fornecidas pelo funcionário serão consideradas confidenciais.
- Atendemos os funcionários que preferirem responder verbalmente.

Nome do funcionário _____
Cargo atual _____
Departamento _____
Gerência/diretoria _____

1. Qual o cargo que você exerce?

2. Quais são as suas tarefas?

3. Você executa tarefas que não estão diretamente ligadas ao seu cargo? Quais? Justifique.

4. Você tem apresentado dificuldades em exercer as tarefas? Quais? Justifique.

5. Relacione as dificuldades apresentadas e seus motivos.

6. Quais as providências já tomadas?

7. Como essas dificuldades poderiam ser solucionadas?

8. Quais os resultados esperados pela direção da empresa considerando-se o seu cargo?

9. Você tem conseguido atingir os objetivos do seu cargo?
   ( ) Sim ( ) Não
   Justifique:

10. Qual é a sua opinião a respeito da supervisão recebida?
    - Ótima
    - Boa
    - Regular
    - Fraca
    - Nula

Figura 2. Exemplo de questionário para LNT.
Fonte: Boog e Boog (2010, p. 13-14).

Processo de treinamento e seus impactos

As empresas estão cada vez mais conscientes da importância do subsistema da área de RH — treinamento e desenvolvimento. É notável que a maioria das organizações utiliza muito mais o treinamento do que o desenvolvimento de pessoas. Será que o treinamento traz mais retornos para as empresas?

Você sabe quais são as principais diferenças entre o treinamento e o desenvolvimento? De forma simplificada, treinamento é uma atividade única, cujo intuito é treinar para um cargo; já o desenvolvimento é uma sequência de atividades que tem o propósito de gerar novas habilidades nos funcionários (MARRAS, 2009).

Conheça, agora, de acordo com as informações apresentadas no Quadro 3, quais as diferenças fundamentais entre treinamento e desenvolvimento.

Quadro 3. Treinamento x desenvolvimento.

	Principais diferenças
Treinamento	▪ É um processo de aprendizagem de curto prazo. ▪ Busca preparar a pessoa para um novo cargo ou atribuição. ▪ Tem o intuito de retomar ou requalificar os conhecimentos, habilidades e atividades de um colaborador. ▪ Tem foco direcionado às atividades desempenhadas pelos funcionários e à otimização delas. ▪ Auxilia na aprendizagem dos funcionários. ▪ Auxilia na integração dos funcionários. ▪ A empresa e o profissional que foi treinado ganham.
Desenvolvimento	▪ É um processo de longo prazo. ▪ Tem como propósito o aperfeiçoamento das capacidades do colaborador. ▪ Motiva os funcionários. ▪ Tem como intuito aumentar as habilidades dos colaboradores, considerando as futuras responsabilidades. ▪ Guia o funcionário no sentido de ter um foco em sua carreira.

Fonte: adaptado de Marras (2009), Limongi-França (2012) e Hanashiro, Teixeira e Zaccarelli (2008).

Os processos de treinamento e desenvolvimento geram impactos para as pessoas e também para as organizações. O treinamento é um procedimento que tem como objetivo gerar mudanças comportamentais nos funcionários, tendo correlação direta com o aprendizado de novas habilidades relacionadas às atividades exercidas no cargo do colaborador, e o propósito de aumentar a produtividade, além de melhorar o desempenho profissional e as relações interpessoais. Já o desenvolvimento tem relação direta com o crescimento do funcionário, em que são explorados os seus potenciais de aprendizagem. A intenção é promover condições que auxiliem as pessoas a utilizarem os seus talentos, aplicando os conhecimentos e as vivências em situações cotidianas ou novas que surjam dentro da organização, ou seja, o desenvolvimento é um processo de aperfeiçoamento contínuo e tem influência no clima organizacional.

Consecutivamente, é de responsabilidade das empresas, dos gestores e da área de treinamento e desenvolvimento facilitar o processo para que todos sejam favorecidos, pois aprender é um dos maiores tesouros que se pode obter.

Principais métodos de treinamento

Os treinamentos podem ocorrer em diversos formatos, porém, após verificar quais são as necessidades de treinamento e estando de acordo com as estratégias e os objetivos da empresa, será mais fácil escolher a melhor programação. Existem muitos métodos que podem ser aplicados pelas empresas, alguns são mais simples e outros mais aprimorados (HANASHIRO; TEIXEIRA; ZACCARELLI, 2008).

Segundo Hanashiro, Teixeira e Zaccarelli (2008), veja a seguir os métodos de treinamentos mais utilizados.

- **Prático ou aprender fazendo:** pode ocorrer por meio da rotatividade de funções, exercício das atividades em postos de trabalho diferentes, compartilhar as responsabilidades de uma ou mais atribuições, aprender sistematicamente as atividades do trabalho, participar de equipes de trabalho, etc.
- **Conceitual ou aprender pela teoria:** pela promoção de debates entre os participantes de uma reunião ou outro evento, orientações detalhadas sobre atividades, narrativa, educação a distância, simpósios, teleconferências, etc.
- **Simulação ou aprender imitando a realidade:** representação teatral, jogos de empresas, etc.

- **Comportamental ou aprender por desenvolvimento psicológico:** consultoria psicológica realizada por um especialista, psicodrama, análise social, dinâmicas de grupo, etc.

A utilização de um desses métodos precisa ter relação com o tipo de treinamento, que deve estar em concordância com os objetivos desejados pela empresa. Existem diversos tipos de treinamento e, para facilitar o seu entendimento, vamos apresentar duas classificações: a forma que serão executados e o público-alvo.

Quanto à forma de execução dos treinamentos, elas podem ser no trabalho, formal interno, formal externo ou a distância. Observe algumas informações, segundo o que diz Lacombe (2011), apresentadas nas Figuras 3, 4, 5 e 6.

Treinamento no trabalho (on-the-job)
É o treinamento que acontece no quotidiano.

Orientação da chefia: é uma das principais formas de treinamento no trabalho, pois a chefia orienta os seus subordinados e, com isso consegue dividir as demandas e ter uma equipe consistente.

Administração por metas: também conhecida como administração por objetivos, compreende no estabelecimento de metas para os funcionários e/ou grupo de trabalho, em que ocorrem verificações em reuniões pré-agendadas, que são momentos ótimos para treinamentos.

Rotação de funções: conhecida também por job rotation. Os funcionários trocam de funções (postos de trabalho), sempre respeitando a sua formação, para ter novos aprendizados e estarem preparados para as demandas de trabalho.

Substituições temporárias: é uma excelente forma de treinamento que ocorre quando um subordinado ou outro funcionário fica no lugar de um colega, nas férias ou em outras ocasiões. Dessa forma, é possível avaliar como as atividades propostas foram exercidas.

Incumbências especiais: os funcionários podem ser treinados participando de comitês, grupos de trabalho, em acompanhamento em viagens de negociações, estudos e trabalhos de planejamento etc. Essas incumbências são ótimos recursos de aprendizagem.

Orientação por meio de mentores: os mentores são os administradores de alto padrão e possuem muitas vivências dentro da empresa, eles treinam (orientam) os funcionários que possuem potencial para ocuparem posições na alta gerência ou outras de destaque dentro da organização.

Figura 3. Forma de execução dos treinamentos: treinamento no trabalho (on-the-job).
Fonte: adaptada de Lacombe (2011, p. 400-405).

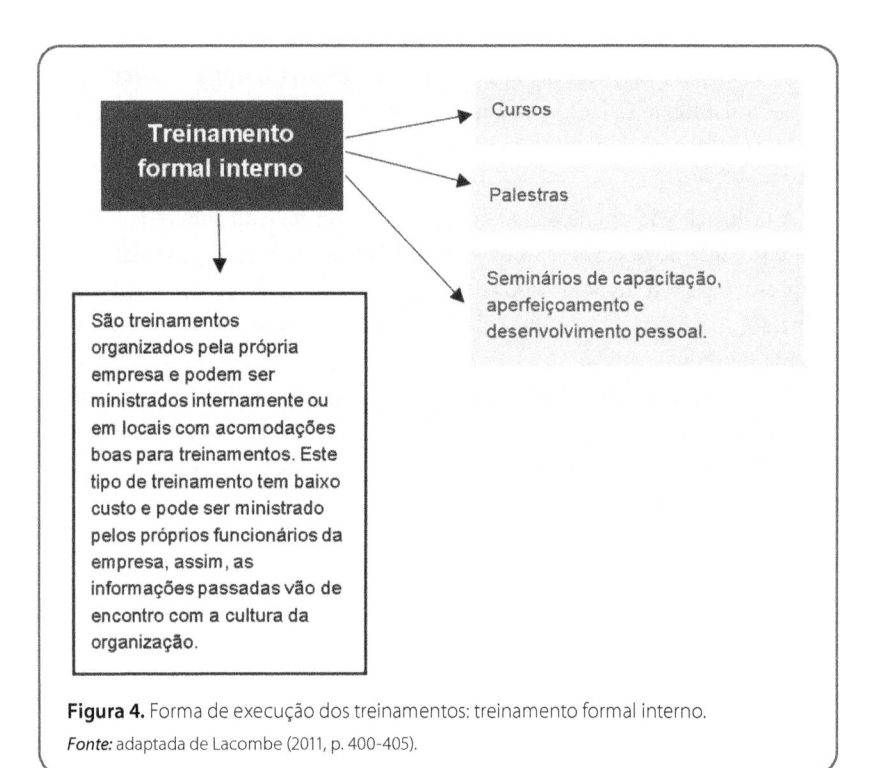

```
                    ┌─────────────────┐
                    │   Treinamento   │────▶  Cursos
                    │ formal interno  │
                    └─────────────────┘────▶  Palestras
                             │
                             │             Seminários de capacitação,
                             ▼             aperfeiçoamento e
                                           desenvolvimento pessoal.
    São treinamentos
    organizados pela própria
    empresa e podem ser
    ministrados internamente ou
    em locais com acomodações
    boas para treinamentos. Este
    tipo de treinamento tem baixo
    custo e pode ser ministrado
    pelos próprios funcionários da
    empresa, assim, as
    informações passadas vão de
    encontro com a cultura da
    organização.
```

Figura 4. Forma de execução dos treinamentos: treinamento formal interno.
Fonte: adaptada de Lacombe (2011, p. 400-405).

```
                    ┌─────────────────┐
                    │   Treinamento   │────▶  Cursos
                    │ formal externo  │
                    └─────────────────┘────▶  Palestras          ⎤
                             │                                    ⎥  Durante estes treinamentos são
                             ▼                  Seminários de     ⎬  utilizados: jogos de empresas,
                                                capacitação,      ⎥  estudos de caso, vídeos e outros
    É um treinamento aberto ao público,         aperfeiçoamento   ⎦  recursos.
    sendo realizado por universidades e         e desenvolvimento
    instituições da área de educação.           pessoal.
    Tem o propósito de treinar pessoas
    para novas habilidades e promover o
    aperfeiçoamento das habilidades que
    o profissional já possui.
```

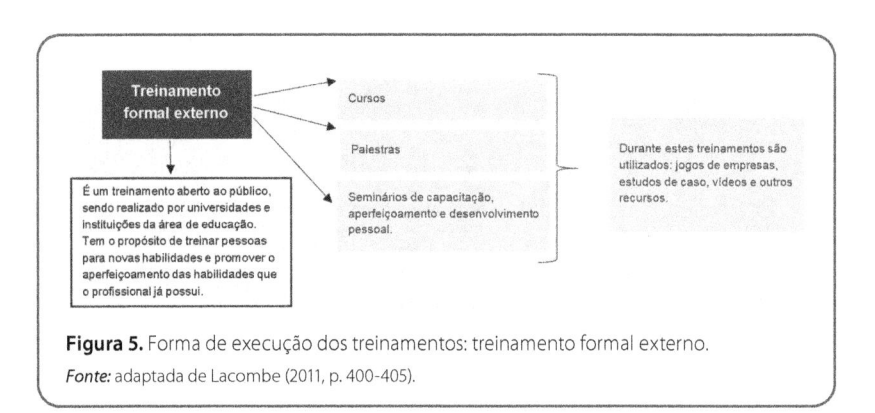

Figura 5. Forma de execução dos treinamentos: treinamento formal externo.
Fonte: adaptada de Lacombe (2011, p. 400-405).

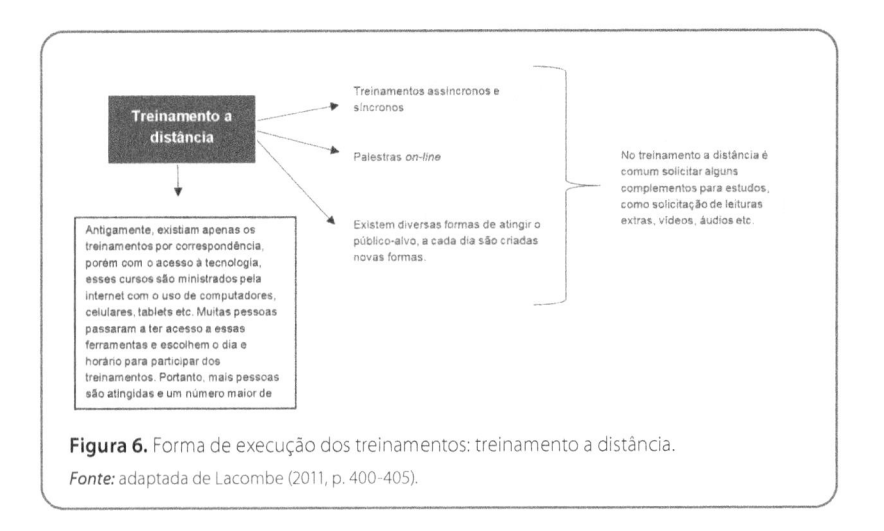

```
                                    Treinamentos assíncronos e
   ┌──────────────┐                  síncronos
   │ Treinamento a│──────────▶
   │   distância  │──────────▶       Palestras on-line            ┐  No treinamento a distância é
   └──────┬───────┘                                               │  comum solicitar alguns
          │                                                       │  complementos para estudos,
          ▼                                                       │  como solicitação de leituras
┌─────────────────────────┐          Existem diversas formas de atingir o  extras, vídeos, áudios etc.
│ Antigamente, existiam apenas os    público-alvo, a cada dia são criadas
│ treinamentos por correspondência,  novas formas.
│ porém com o acesso à tecnologia,
│ esses cursos são ministrados pela
│ internet com o uso de computadores,
│ celulares, tablets etc. Muitas pessoas
│ passaram a ter acesso a essas
│ ferramentas e escolhem o dia e
│ horário para participar dos
│ treinamentos. Portanto, mais pessoas
│ são atingidas e um número maior de
```

Figura 6. Forma de execução dos treinamentos: treinamento a distância.
Fonte: adaptada de Lacombe (2011, p. 400-405).

Agora que você já conheceu as formas de execução dos treinamentos, vamos aprofundar seu conhecimento sobre o público-alvo, de acordo com esquema apresentado na Figura 7.

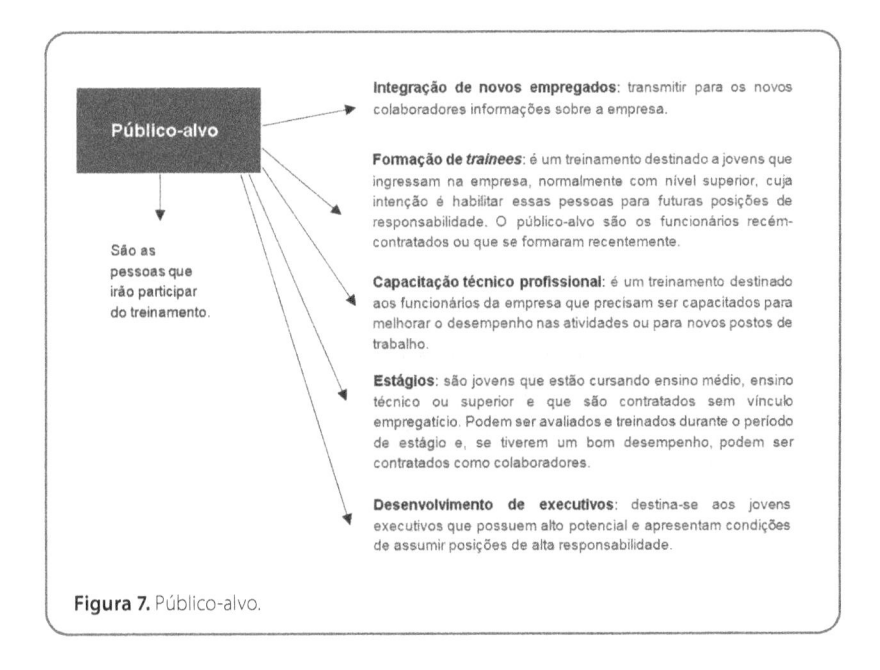

Integração de novos empregados: transmitir para os novos colaboradores informações sobre a empresa.

Formação de *trainees*: é um treinamento destinado a jovens que ingressam na empresa, normalmente com nível superior, cuja intenção é habilitar essas pessoas para futuras posições de responsabilidade. O público-alvo são os funcionários recém-contratados ou que se formaram recentemente.

Público-alvo
São as pessoas que irão participar do treinamento.

Capacitação técnico profissional: é um treinamento destinado aos funcionários da empresa que precisam ser capacitados para melhorar o desempenho nas atividades ou para novos postos de trabalho.

Estágios: são jovens que estão cursando ensino médio, ensino técnico ou superior e que são contratados sem vínculo empregatício. Podem ser avaliados e treinados durante o período de estágio e, se tiverem um bom desempenho, podem ser contratados como colaboradores.

Desenvolvimento de executivos: destina-se aos jovens executivos que possuem alto potencial e apresentam condições de assumir posições de alta responsabilidade.

Figura 7. Público-alvo.

A área de treinamento é muito ampla, e é notável que existem inúmeras possibilidades para o empregador e as instituições de ensino promoverem os treinamentos. Os métodos são os mais variados e todos tem um objetivo específico e, dependendo de qual a intenção da empresa, é possível seguir um método ou outro, de acordo com o público-alvo, os objetivos e as metas pré-estabelecidas. Se o método for bem escolhido, os retornos são positivos e a eficácia desse processo será maior.

Avaliação da eficácia do treinamento

A avaliação do treinamento é fundamental, pois nesse momento são realizadas as comparações entre os resultados esperados no treinamento e o aproveitamento dos participantes. Esta prática é essencial porque objetiva a verificação da eficácia dos recursos que foram aplicados no treinamento. Infelizmente, durante o processo, essa etapa não tem o valor que deveria ter e acaba sendo menos destacada (HANASHIRO; TEIXEIRA; ZACCARELLI, 2008).

Ao término de um treinamento, sempre fica a dúvida sobre se ele foi realmente relevante e satisfatório. Lamentavelmente, essa dúvida sempre irá aparecer, pois é difícil mensurar a total intensidade do retorno obtido, já que cada participante consegue absorver o seu melhor.

De acordo com Hanashiro, Teixeira e Zaccarelli (2008, p. 269):

> Assim, considerando que a eficácia é entendida como "fazer o que é o certo", e o certo está intimamente ligado ao atingimento de um resultado que tem duas dimensões, uma objetiva (meta) e outra subjetiva (percepção de valor), será sempre desafiador mensurá-la na avaliação de treinamentos.

Apesar dos aspectos que dificultam a avaliação, ela precisa ser realizada, para levantar as informações que irão auxiliar no julgamento dos fatores que influenciam os resultados desse processo. Segundo Hanashiro, Teixeira e Zaccarelli (2008, p. 270) existem alguns pontos que são interessantes de serem focados no processo de avaliação, são eles:

- **percepção** — em relação ao conteúdo do treinamento, metodologia e aplicação do conteúdo programático por questionários apropriados;
- **aprendizado** — representado por meio da aquisição de novos conhecimentos, aprimoramento de habilidades e atitudes;

- **comportamento** — avaliado nos treinados por meio do desempenho demonstrado na transferência do aprendizado para a situação do trabalho;
- **mudança** — provocada na organização avaliando o impacto pela consideração da relação custo x benefício.

Referências

BOOG, G. G.; BOOG; M. *Manual de treinamento e desenvolvimento*: processos e operações. São Paulo: Pearson, 2010.

FICHA de levantamento de necessidades de treinamento. São Paulo: Corporativa Brasil, 1 jul. 2011. Disponível em: <http://corporativabrasil.com.br/formularios-de-rh/ficha-de-levantamento-de-necessidades-de-treinamento.docx>. Acesso em: 6 mar. 2018.

HANASHIRO, D. M. M.; TEIXEIRA, M. L. M.; ZACCARELLI, L. M. (orgs). *Gestão do fator humano*: uma visão baseada em *stakeholders*. São Paulo: Saraiva, 2008.

LACOMBE, F. *Recursos humanos*: princípios e tendências. São Paulo: Saraiva, 2011.

LIMONGI-FRANÇA, A. C. *Práticas de recursos humanos*: conceitos, ferramentas e procedimentos. São Paulo: Atlas, 2012.

MARRAS, J. P. *Administração de recursos humanos*: do operacional ao estratégico. 13. ed. São Paulo: Saraiva, 2009.

Desenvolvimento

Objetivos de aprendizagem

Ao final deste texto, você deve apresentar os seguintes aprendizados:

- Identificar o processo de desenvolvimento pessoal e organizacional.
- Analisar as principais metodologias utilizadas para o desenvolvimento de pessoas nas organizações.
- Compreender o papel do gestor no desenvolvimento de pessoas.

Introdução

Desenvolver pessoas não é uma tarefa simples, tampouco destinada apenas às organizações. Atualmente, ocorre uma grande mudança nessa área, pois as pessoas têm se tornado as principais responsáveis pelo seu desenvolvimento, já que tudo se inicia com a educação, não apenas em nível escolar, mas sim no contexto mais amplo da palavra.

O desenvolvimento acontece em médio e longo prazo e é o norteador da carreira de uma pessoa, pois irá promover mais possibilidades de atuação no mercado profissional. As expectativas de pessoas, organizações e gestores auxiliam na condução desse processo tão instigante que é o de desenvolver pessoas.

Neste capítulo, você aprenderá a identificar o funcionamento da área de desenvolvimento e as principais diferenças existentes entre treinamento e desenvolvimento, além de conhecer as metodologias empregadas nesse processo e as responsabilidades que recaem sobre as empresas e as pessoas.

Processo de desenvolvimento pessoal e organizacional

Aparentemente, treinamento e desenvolvimento parecem ser uma ação única, porém composta por duas palavras. Contudo, existem diferenças entre essas terminologias, que são bastante distintas. As diferenças existentes estão relacionadas aos diversos graus de aprendizado necessários para qualificar uma pessoa para trabalhar. Treinamento são procedimentos metódicos que ocorrem em curto prazo, objetivam o alcance de conhecimentos, habilidades e atitudes, tendo como preceito o ajuste das características dos funcionários e os requisitos que são exigidos para o desempenho do cargo, auxiliando no melhoramento do seu perfil profissional. Já o desenvolvimento tem como objetivo a realização de treinamentos que visam a carreira e outras experiências dos colaboradores, sendo um processo de médio ou longo prazo (LIMONGI-FRANÇA, 2012).

Você entendeu quais as principais diferenças entre o treinamento e o desenvolvimento? Simplificando, treinamento é a atividade que tem o intuito de treinar para o cargo, já o desenvolvimento é uma sequência de atividades que tem o propósito de gerar novas habilidades nos funcionários (MARRAS, 2009).

De acordo com Marras (2009, p. 167):

> O treinamento prepara o homem para a realização de tarefas específicas, enquanto um programa de desenvolvimento gerencial oferece ao treinando uma *macrovisão do business*, preparando-o para voos mais altos, a médio e longo prazo.

O direcionamento que é dado para o futuro de uma pessoa tem relação com o seu desenvolvimento e também com a educação que ela recebe. As pessoas que tem acesso aos estudos, considerando o sentido amplo da palavra, adquirem um bom conhecimento e tem maior facilidade de desenvolvimento dentro de uma empresa, sendo formada a sua personalidade e também o aperfeiçoamento das suas capacidades de interpretação e habilidades (LACOMBE, 2011).

O desenvolvimento associado à evolução dos colaboradores objetiva a carreira futura e não somente o cargo que a pessoa possui no momento. Seria fantástico se todas as pessoas pudessem se desenvolver, do ponto de vista do desenvolvimento gerencial, pois este era exclusivo para alguns funcionários que estavam em níveis hierarquicamente mais altos. Nos dias de hoje, com a diminuição dos níveis hierárquicos e com a constituição de equipes de trabalho, os trabalhadores possuem uma maior participação nos propósitos dos cargos que atuam e existe uma preocupação superior com a qualidade e com os clientes (MARRAS, 2009).

Gestão do desenvolvimento

As empresas mais desenvolvidas apresentam uma maior preocupação com questões relacionadas a investimentos na área de desenvolvimento de pessoas, pois de nada vale realizar investimentos em processos que não geram resultados para a empresa e para as pessoas. As ações de desenvolvimento, nos últimos tempos tem focado cada vez mais nos conceitos de competência, pois, assim, direcionam de uma forma melhor as ações de desenvolvimento (DUTRA; DUTRA; DUTRA, 2017).

Acompanhe, agora, uma pequena análise. As empresas possuem diversas competências que são agregadas com o decorrer do tempo, esses aspectos formam a cultura da empresa, além de gerar vantagens competitivas perante o mercado de trabalho; já as pessoas, possuem as suas próprias competências e podem ou não ser aproveitadas por uma empresa (DUTRA; DUTRA; DUTRA, 2017).

Se posicionarmos as pessoas e as empresas uma ao lado da outra, será possível visualizar que ocorre um processo constante de troca de competências. As empresas transferem o seu conhecimento para as pessoas, auxiliando-as no enfrentamento de novas demandas profissionais e pessoais, agregando valor dentro e fora da instituição. As pessoas, por sua vez, conseguem desenvolver a sua capacidade individual e transferem para as empresas a sua bagagem de aprendizado e auxiliam as organizações com novas ideias e visões de melhorias para os desafios que surgem. Esse é um processo proveniente da relação entre pessoas e empresa e pode ser administrado e otimizado por todos (DUTRA; DUTRA; DUTRA, 2017).

A aprendizagem organizacional tem conexão com o desenvolvimento das pessoas que atuam na empresa. Porém, como a gestão do desenvolvimento pode ser reconhecida? Por meio da capacidade que as pessoas possuem de gerar competências para as empresas. A Figura 1 apresenta uma relação entre a capacitação e a complexidade do trabalho (DUTRA; DUTRA; DUTRA, 2017).

Figura 1. Capacitação e complexidade do trabalho.
Fonte: Dutra, Dutra e Dutra (2017, p. 159).

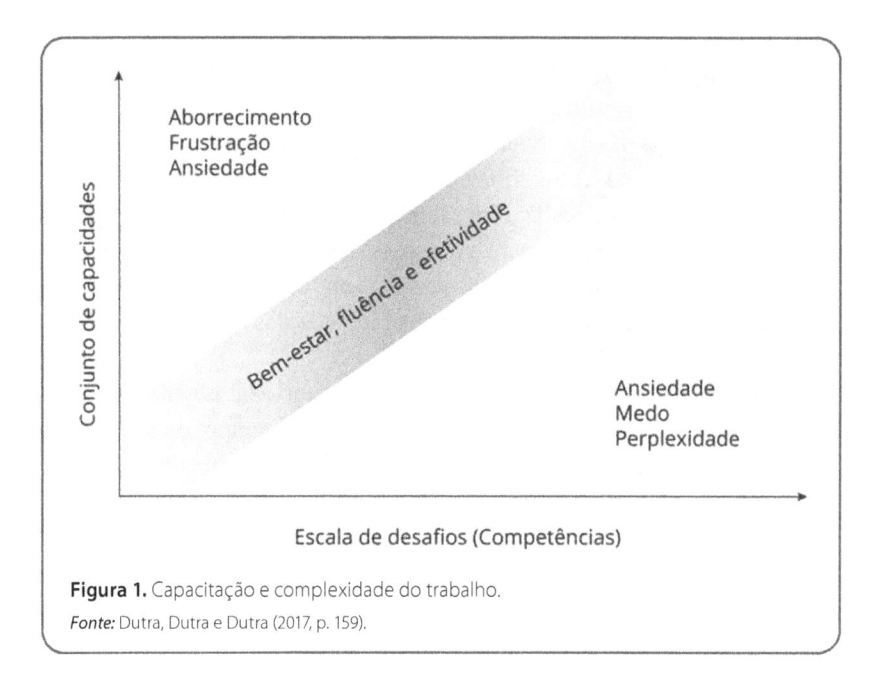

Eixo vertical: Conjunto de capacidades. Eixo horizontal: Escala de desafios (Competências). Região superior esquerda: Aborrecimento, Frustração, Ansiedade. Região diagonal central: Bem-estar, fluência e efetividade. Região inferior direita: Ansiedade, Medo, Perplexidade.

Metodologias para o desenvolvimento de pessoas

O desenvolvimento acontece para fortalecer o talento de determinada pessoa. Durante o processo são manifestadas as capacidades que o indivíduo possui, surgindo e/ou as aumentando, até o nível que for desejado por uma organização e pelo profissional, o que gera resultados positivos para todos (MARRAS, 2009).

Atualmente, as empresas incentivam os colaboradores a participarem, de maneira programada e organizada, em eventos de atualização que tenham ligação com as suas rotinas de trabalho e outros. Essas movimentações auxiliam os profissionais na transformação da sua forma de trabalho, da sua visão e, principalmente, na melhoria do processo interno. São exemplos de eventos palestras, seminários, reuniões treinamento etc. (MARRAS, 2009).

O método de desenvolvimento de pessoas não acontece apenas referente ao cargo de atuação, mas foca no desempenho pessoal, objetivando a carreira futura e não apenas a atual. Essa movimentação acontece em um período de médio a longo prazo. As atividades de desenvolvimento possuem relação direta com a educação e também com o direcionamento que é dado para o futuro, sendo desenvolvida a sua personalidade e melhorada a capacidade do indivíduo (LACOMBE, 2011).

Segundo Lacombe (2011), Marras (2009) e Dutra, Dutra e Dutra (2017), os métodos de desenvolvimento de funcionários mais utilizados são: rotação de cargos, aprendizagem com a prática e *coaching*.

- Rotação de cargos: é a movimentação de um funcionário em vários cargos dentro da empresa, a intenção é que as habilidades, conhecimentos e capacidades sejam expandidas e possuam maior autonomia nos processos internos e na tomada de decisão. Esse tipo de prática possibilita o aumento do conhecimento do profissional, podendo torna-lo um especialista em determinada área. Os tipos de rotação existentes são:
    - rotação vertical — é uma promoção que o colaborador recebe provisoriamente e as atividades tem mais complexidades que a sua;
    - rotação horizontal — é a movimentação do funcionário em várias funções de complexidades similares ao seu cargo.
- Aprendizagem com a prática: é um pouco diferente da rotação de cargos, porém tem a intenção de treinar o colaborador por meio de atividades práticas e reais, pois são apresentadas situações problemas que existem na empresa para que o colaborador analise e tente resolver.
- *Coaching*: essa técnica tem sido cada vez mais utilizada, pois promove uma assistência diferenciada para executivos e os auxilia a crescer ainda mais dentro das organizações, os colaboradores que participam do desenvolvimento com foco em *coaching* conseguem aperfeiçoar as suas qualidades e buscar estratégias para sanar os seus pontos fracos.

Existem outros métodos de desenvolvimento de pessoas, porém os apresentados são os mais utilizados atualmente. Contudo, esta seja uma área que está em constante movimentação e com o passar dos anos poderá sofrer alterações que certamente irão beneficiar a todos.

Estratégias de desenvolvimento

As estratégias utilizadas no desenvolvimento estão associadas aos métodos e às necessidades das organizações e também das pessoas, sendo que cada situação e necessidade deve ser avaliada separadamente.

Anteriormente, era entendido que qualquer estratégia de desenvolvimento tinha relação com os investimentos que as organizações realizavam junto aos funcionários, pois quando ele era contratado em uma empresa já esperava saber quais os planos e perspectivas dela com o seu futuro. Porém, hoje, isso tem mudado bastante, pois ainda ocorrem investimentos por parte das organizações no desenvolvimento dos funcionários, mas a obrigatoriedade que existia anteriormente tem diminuído a cada dia, fazendo as pessoas terem um posicionamento mais ativo e não reativo, somente esperando que a empresa invista no seu desenvolvimento (MARRAS, 2009).

> **Fique atento**
>
> O desenvolvimento deve iniciar com um bom planejamento, e a própria pessoa pode fazer isso, desobrigando a empresa da responsabilidade e não esperando por terceiros.

Com a mudança de cenário, é fácil perceber que o mercado de trabalho está se modificando rapidamente, bem como o perfil do trabalhador também, pois em um processo seletivo as exigências têm aumentando e, se refletirmos, as empresas esperam encontrar profissionais desenvolvidos que estejam "prontos" para atuarem no mercado de trabalho (MARRAS, 2009).

Papel do gestor no desenvolvimento de pessoas

O desenvolvimento de talentos dentro de uma empresa não acontece apenas para os funcionários que atuam como gestores ou possuem cargos hierarquicamente maiores dentro da empresa, mas também para todos os funcionários e pode ser acessado por todos que possuem interesse e talentos. Geralmente, existe uma pré-seleção de candidatos e os que mais se destacarem irão participar dos programas de desenvolvimento, como os programas Backup, seja um líder, trilhe o seu caminho etc. (MARRAS, 2009).

Em geral, os gestores diretos têm participação efetiva no processo de escolha dos funcionários para os programas de desenvolvimento, pois acompanham as suas rotinas diariamente e, assim, conseguem visualizar e conhecer melhor cada um dos talentos da sua equipe. Os gestores têm papel fundamental no processo de desenvolvimento da sua equipe, pois conseguem enxergar as características pessoais e o potencial de cada um (MARRAS, 2009).

De acordo com Marras (2009, p. 168):

> O título do cargo pouco importa nesse processo; o que realmente importa saber no processo decisório da escolha dos participantes de um programa de desenvolvimento é o nível de talento dos indivíduos potencialmente aptos a serem desenvolvidos.

É notável que os gestores têm papel essencial junto a sua equipe e precisam sempre estar atentos ao seu grupo de trabalho, pois, assim, promoverão aos colaboradores talentosos, possibilidades excelentes de desenvolvimento e, quem sabe, eles possam ser futuros gestores na organização.

As empresas que possuem processos internos bem estruturados, tem grande facilidade para identificar os potenciais talentos, tanto pelas características pessoais como pelas profissionais dos seus funcionários, além de possuir gestores preparados para este processo. Dessa forma, os planos de desenvolvimento são de médio a longo prazo, nos quais são desenhados objetivos que estejam de acordo com a cultura da empresa e o planejamento estratégico (MARRAS, 2009).

Exemplo

Um caso de desenvolvimento profissional a partir da descoberta de si próprio
Um caso interessante foi relatado pelo presidente de uma grande empresa de embalagens. Um de seus colaboradores que conduzia uma empilhadeira sofreu um grave acidente e quase perdeu a vida. Quando esse colaborador já estava em condições de receber visita, o Presidente da organização foi vê-lo e ficou surpreso ao encontrar uma pessoa com um propósito: analisar os elementos causadores do acidente para que ninguém mais passasse pela mesma situação. O Presidente relatou que esperava encontrar uma pessoa deprimida e abalada pelo acidente, mas, em vez disso, encontrou uma pessoa que já havia investigado na Internet problemas parecidos, analisado o que havia ocorrido por diversas perspectivas e tinha algumas recomendações para propor. Três meses depois do acidente, o Presidente lhe fez o convite para assumir a coordenação de todas as iniciativas de segurança para evitar acidentes de trabalho na organização. O trabalho representou para a pessoa um crescimento em sua vida profissional e trouxe uma grande contribuição para a organização, por ele fazer seu trabalho com paixão.
Fonte: Dutra, Dutra e Dutra (2017, p. 10).

É possível notar, no caso apresentado, que o gestor teve papel fundamental no crescimento do funcionário e, certamente, irá auxilia-lo no seu desenvolvimento dentro da organização, o gestor é o principal responsável pelo desenvolvimento de um colaborador.

Papel da pessoa e da organização

Cada indivíduo precisa estar comprometido com o seu desenvolvimento, pois essa responsabilidade é sua. Já o desenvolvimento administrativo ou gerencial é considerado autodesenvolvimento. O profissional que tem o desejo de se desenvolver encontra formas para fazer isso, mas quem pretende ser desenvolvido por terceiros, infelizmente não terá o sucesso que imagina (LACOMBE, 2011).

As organizações são coadjuvantes e apoiadoras do processo de desenvolvimento dos seus colaboradores, quando possuem interesse no desenvolvimento de um funcionário tomam a frente e realizam alguns procedimentos. Contudo, isso não quer dizer que possuem obrigação em tomar determinadas ações ou serem responsabilizadas por não estar desenvolvendo o seu quadro funcional, mas os gestores que possuem um padrão alto de trabalho, podem não gostar dessa falta de interesse e seguir sua carreira em outras empresas. Lembre-se: primeiramente, o próprio colaborador necessita administrar o seu autodesenvolvimento, do mesmo jeito que um estudante necessita aprender o que é transmitido em uma sala de aula, pois o professor não tem o poder de ensinar um aluno que não está interessando em aprender (LACOMBE, 2011).

> **Fique atento**
>
> Você é o principal responsável pelo seu desenvolvimento. Segundo Dutra, Dutra e Dutra (2017, p. 9), remeter-se a si mesmo torna as pessoas mais preocupadas em cuidar de sua integridade física, mental, social e espiritual, e mais críticas quanto as suas relações com o ambiente.

Anteriormente, a permanência de um funcionário em uma empresa acontecia do início da sua carreira profissional até a sua aposentadoria, e essa situação tornava-os muito ligados à instituição, pois era uma relação mais intensa entre eles. Por esse motivo, a preocupação com a carreira dos trabalhadores era demasiadamente maior por parte das empresas, mas, atualmente, é muito difícil que um profissional passe toda a sua carreira em uma mesma empresa e essa situação tem sido cada vez mais rara. Portanto, os investimentos em relação ao desenvolvimento de longo prazo de um colaborador, têm diminuído muito, tornando imprescindível que o profissional pense na sua carreira e realize ações que o beneficie, necessitando estar atualizado sobre a área que atua e com outras questões pertinentes ao seu desenvolvimento profissional (LACOMBE, 2011).

Existe hoje uma preocupação incessante em relação à educação, pois ela é a responsável pela trajetória profissional que cada pessoa irá trilhar na sua carreira de trabalho, já que o sucesso é originado das escolhas realizadas por cada um (LACOMBE, 2011).

> **Fique atento**
>
> Em épocas de recessão, mesmo os profissionais preparados ficam subempregados ou desempregados, por isso todos precisam, cada vez mais, cultivar sua rede de contatos, ou seja, fazer o seu *networking*. Isso toma algum tempo, mas quando alguém fica desempregado, é sua rede de contatos que conta. Começar a cultivar a rede quando mais precisamos dela pode ser pouco útil (LACOMBE, 2011, p. 398).

Os profissionais precisam ter uma percepção das suas dificuldades e entender o meio em que a empresa opera, além disso, é essencial que conheçam as suas melhores características para poder se beneficiar de sua atuação profissional. Não é interessante esperar para realizar melhorias de conduta e buscar novos conhecimentos, pois identificando os aspectos a melhorar é possível melhorá-lo e, assim, estar apto a diversas situações que possam surgir (LACOMBE, 2011).

Podemos constatar que as organizações apoiam os processos de desenvolvimento dos funcionários, porém cada um é responsável por esse feito, podendo ser dentro ou fora da organização.

Mensuração dos resultados do desenvolvimento

Para que seja mensurado os resultados das ações do desenvolvimento, é necessário conhecermos as perspectivas de gestores, pessoas e organizações, para que tão logo seja realizada a relação entre o planejamento estratégico da empresa e o seu constante aprimoramento (DUTRA; DUTRA; DUTRA, 2017).

Agora, você vai conhecer um pouco sobre as expectativas das pessoas. Quando conversamos com as pessoas, é imprescindível que sejam alinhadas as perspectivas delas com as da empresa. Quando são realizadas pesquisas e entrevistas é possível constatar os pontos mais solicitados pelas pessoas, referentes a ter claro os critérios e existir transparência nos processos de crescimento e reconhecimento profissional, pois, infelizmente, esses critérios são omitidos pela maioria das empresas. Para que exista clareza e transparência nos processos internos referente ao desenvolvimento de pessoas, as organizações necessitam ser sensatas e realizar um trabalho consistente, mas essa tarefa não é nada fácil (DUTRA; DUTRA; DUTRA, 2017).

Se existissem indicadores que demonstrassem as perspectivas das pessoas, eles estariam relacionados à qualidade das informações e à interação das pessoas com as empresas. Segundo Dutra, Dutra e Dutra (2017), a qualidade pode ser concretizada pelo conteúdo, pela velocidade e pela forma como a informação chega a pessoa. Você poderá conhecer mais sobre esses conceitos nos itens a seguir.

- **Informações sobre carreira e políticas de movimentação e ascensão:** para que a pessoa seja o personagem principal do seu desenvolvimento é essencial que todas as informações que circulam a respeito da carreira, as políticas de movimentação e ascensão estejam claras e sejam transparentes.
- **Indicação da pessoa para atribuições e responsabilidades de maior complexidade:** a elucidação da real situação da empresa faz com que as pessoas sejam parceiros da empresa.

- **Acompanhamento do processo de desenvolvimento profissional:** esse indicador tem relação direta com os processos políticos, a prática de gestão de pessoas, a satisfação e o desenvolvimento de pessoas.
- **Ocupação de uma posição de maior complexidade:** avaliar os resultados da pessoa que assumiu a nova posição.

A pressão recebida pelos profissionais que atuam como gestores é muito grande, por isso é fundamental que estejamos alerta as suas expectativas para, assim, ter o empenho esperado por eles. Esses profissionais estão envolvidos com as empresas e esperam impactos positivos. As expectativas das organizações possuem relação direta com a conquista de uma maior segurança e longevidade da sua atuação, apoiando e dando suporte ao desenvolvimento dos profissionais na empresa.

A mensuração dos resultados do desenvolvimento acontece por meio das expectativas dos gestores, organizações e pessoas, e são avaliadas por meio dos indicadores que você conheceu, portanto, o desenvolvimento depende de diversos fatores para ser uma ação de sucesso.

Referências

DUTRA, J. S.; DUTRA, T. A. e DUTRA, G. A. *Gestão de pessoas*: realidade atual e desafios futuros. São Paulo: Atlas, 2017.

LACOMBE, F. *Recursos humanos*: princípios e tendências. São Paulo: Saraiva, 2011.

LIMONGI-FRANÇA, A. C. *Práticas de recursos humanos*: conceitos, ferramentas e procedimentos. São Paulo: Atlas, 2012.

MARRAS, J. P. *Administração de recursos humanos*: do operacional ao estratégico. 13. ed. São Paulo: Saraiva, 2009.

Processo demissional

Objetivos de aprendizagem

Ao final deste texto, você deve apresentar os seguintes aprendizados:

- Reconhecer o processo de demissão e seus impactos para a organização e para as pessoas.
- Identificar os principais fatores que precisam ser considerados no processo demissional.
- Analisar o processo demissional como ferramenta de gestão para o alcance de objetivos e metas.

Introdução

O processo demissional de um colaborador pode acontecer por diversas razões, porém, sempre existirá uma motivação, algumas originadas pela empresa e outras pelo funcionário. As formas mais comuns de desligamento são pedido de demissão, término do contrato de experiência, demissão sem ou por justa causa, entre outras. Existem diversas questões relacionadas a esse processo que merecem ser estudadas, pois geram impactos tanto para a empresa como para o trabalhador que está sendo desligado.

Neste capítulo, você compreenderá o processo demissional e todos os seus impactos, identificando os principais tipos de demissão.

Processo de demissão

Atualmente, é perceptível que o mundo tem passado por alterações profundas e rápidas, com diversas transformações. As relações entre empregado e empregador devem ser harmônicas, evidenciando sua ligação, a qual precisa ser cercada de compromissos e envolvimento mútuo. Infelizmente, o investimento em processos de recrutamento de pessoas, remuneração e desenvolvimento acaba sendo esquecido pelas empresas, tendo como consequência um número grandioso de rescisões contratuais, que poderiam ser evitadas se houvesse uma maior estrutura nos demais processos (IORIO, 1996).

Uma rescisão contratual pode ser considerada como o fim do vínculo jurídico de uma relação de emprego e das obrigações geradas pelo contrato, que foi efetivado pela vontade das partes contratantes, no caso o empregado e o empregador. Ela também pode ser entendida como qualquer forma de término de contrato de trabalho (PONTELO, 2016).

O processo de demissão é organizado por um profissional da área de recursos humanos (RH) e faz parte do subsistema de departamento pessoal. Durante esse processo, todas as informações legais são registradas; e as burocracias que o envolvem, realizadas (MARRAS, 2009).

O ideal seria que o processo de demissão fosse claro, transparente e, sobretudo, honesto para que os envolvidos entendessem os motivos pelo seu desligamento, sendo aconselhável que ele seja o mais confortável e sossegado possível, pois é imprescindível que o *feedback* correto seja dado ao funcionário, a fim de que ele possa seguir a sua trajetória profissional com confiança e busque melhorar os seus aspectos positivos e negativos (IORIO, 1996).

Tipos de demissão

A rescisão é a formalização do término do vínculo empregatício, estabelecendo o encerramento da relação de trabalho entre empregado e empregador, que geralmente ocorre por motivação de uma dessas partes. Segundo Lacombe (2011), existem alguns tipos de rescisão, como você verá a seguir.

- **Rescisão por pedido de dispensa ou pedido de demissão:** é motivada pelo empregado e ocorre quando ele solicita o seu desligamento da empresa por livre e espontânea vontade, comunicando a ela que não irá mais trabalhar.
- **Rescisão por dispensa sem justa causa:** ocorre por motivação do empregador, que decide rescindir o contrato de trabalho sem motivo declarado, informando ao colaborador que não precisa mais dos seus serviços.
- **Rescisão por justa causa:** ocorre quando algum trabalhador comete um ato de improbidade, má conduta, indisciplina ou insubordinação, desídia no desempenho de suas funções, abandono de emprego, entre outros.
- **Rescisão por término do contrato de experiência:** é motivada pelo empregador, na qual ele decide interromper o contrato de experiência no prazo final e não dá continuidade ao contrato de trabalho.
- **Rescisão antecipada do contrato de experiência por iniciativa do empregado ou empregador:** é motivada pelo funcionário ou pela empresa, interrompendo o contrato de experiência.

- **Rescisão por falecimento do empregado:** no caso de falecimento do emprego, o contrato de trabalho deixa de existir, uma vez que a pessoa falecida representa uma das partes.
- **Rescisão indireta:** ocorre quando o empregador não demite o empregado, mas torna impossível ou intolerável a continuação da prestação dos serviços, seja pela ocorrência de alguma agressão, falta de pagamento do salário, exigência de serviços incompatíveis a função, entre outros.
- **Rescisão por culpa recíproca:** ocorre quando o empregado e o empregador praticam simultaneamente faltas graves capazes de extinguir o contrato de trabalho. Para aprofundar o seu conhecimento sobre esse tipo de rescisão, leia os Artigos da CLT: 482, 483 e 484.
- **Rescisão por força maior:** é decorrente de algum imprevisto que impossibilita a continuidade da relação de emprego, como enchentes no local da empresa, vendavais, etc.

De acordo com Lacombe (2011, p. 344), os motivos para uma rescisão indireta são exigência de serviços superiores às forças do empregado; exigência de serviços proibidos pela legislação ou contrários aos bons costumes; exigência de serviços alheios aos previstos no contrato de trabalho; tratamento com rigor excessivo do empregado; exigência de trabalho em local insalubre ou perigoso sem equipamentos de proteção adequados; agressão física ao empregado; ofensas à honra do empregado ou de sua família; e falta de pagamento da remuneração prevista no contrato. A jurisprudência considera razão suficiente para a rescisão indireta a falta de pagamento por período superior a três meses. Já o fato de não serem depositados os valores do Fundo de Garantia do Tempo de Serviço (FGTS) na conta do empregado não constitui motivo para rescisão indireta, mas, ao ser rescindido o contrato, por qualquer que seja a razão, o empregador é obrigado a colocar em dia todos os valores.

Saiba mais

Será que existe rescisão por aposentadoria?
A aposentadoria não gera automaticamente uma rescisão do contrato de trabalho apenas porque o empregado se aposentou. O funcionário pode continuar trabalhando e o seu vínculo com a empresa pode ser encerrado no futuro, porém, ele passa a ter alguns direitos legais.

Principais fatores do processo demissional

O processo demissional de um colaborador pode acontecer por diversos motivos, como demissão sem ou por justa causa, pedido de demissão, término do contrato de experiência, falecimento do empregado, etc. Um dos principais responsáveis pelo desligamento dos funcionários são os profissionais da área de RH, pois eles acompanham as etapas desse processo delicado que merece muita atenção e cautela. No Quadro 1, você conhecerá as principais etapas/fatores que envolvem o processo demissional.

Quadro 1. Principais etapas e fatores do processo demissional.

Procedimento	Explicação
Aviso prévio ou pedido de demissão	**Aviso prévio:** é a comunicação que o empregador faz ao funcionário informando o fim do contrato de trabalho. **Pedido de demissão:** é a comunicação que o empregado faz à empresa quando solicita o seu desligamento. Deve ser feita a próprio punho. Observação: quem decide a modalidade (trabalhado ou indenizado) do aviso prévio ou do pedido de demissão é a parte solicitante.
Atestado de saúde ocupacional (ASO) demissional e exames periódicos (vide NR 7)	O ASO demissional tem o propósito de atestar que o colaborador não adquiriu nenhum problema de saúde durante o desempenho de suas atividades na empresa. Já o profissional de RH é responsável por providenciar o requerimento para que o colaborador consiga fazer o exame demissional.
Convenção ou acordo coletivo de trabalho ou sentença normativa aplicável	O profissional de RH deve ter conhecimento de todas as informações contidas na convenção coletiva de trabalho, pois esse documento é firmado entre as entidades sindicais de empregados e as patronais. Já o acordo coletivo é um documento normativo redigido pelo sindicato de empregados e uma ou mais empresas correspondentes, sem a intervenção de alguma entidade patronal.

(Continua)

(Continuação)

Quadro 1. Principais etapas e fatores do processo demissional.

Procedimento	Explicação
Extrato para fins rescisórios da conta vinculada do empregado no FGTS	O extrato do FGTS, que será apresentado no ato da rescisão, precisa estar atualizado, ou seja, os valores referentes ao recolhimento das guias de todas as competências durante o tempo de trabalho do empregado devem constar nesse documento. Observação: a empresa deve emitir e quitar mensalmente a Guia de Recolhimento do FGTS (GRF) que é gerada pelo Sistema Empresa de Recolhimento do FGTS e Informações à Previdência Social (SEFIP).
Comunicação da Dispensa (CD) e Requerimento do Seguro Desemprego (RSD)	O empregador deve acessar o Sistema Empregador Web no Portal Mais Emprego para preencher o RSD e a CD dos trabalhadores dispensados, além de cadastrar a empresa e utilizar o certificado digital (padrão ICP-Brasil). Após o preenchimento, os documentos devem ser impressos e entregues no ato da rescisão ao funcionário dispensado.
Demonstrativo de parcelas variáveis consideradas para fins de cálculo dos valores devidos na rescisão contratual	É um documento que comprova a média de horas extras, demonstrativos de comissões, etc.
Termo de rescisão de contrato de trabalho (TRCT)	Todas as rescisões devem ser elaboradas de acordo com o novo modelo do TRCT instituído pelo Ministério do Trabalho e Emprego (MTE) (Portaria 1.057/2012). O termo deve ser gerado em quatro vias.
Termo de quitação de contrato de trabalho	Quando o contrato de trabalho for rescindido e possuir um tempo inferior a 12 meses de serviço, esse formulário é utilizado.
Termo de homologação de contrato de trabalho	Quando o contrato de trabalho for rescindido e possuir um tempo superior a 12 meses de serviço, esse formulário é utilizado.
Carteira de Trabalho e Previdência Social (CTPS)	Quando ocorre o desligamento de um funcionário, devem ser atualizadas as anotações na CTPS.

(Continua)

(Continuação)

Quadro 1. Principais etapas e fatores do processo demissional.

Procedimento	Explicação
Guia de recolhimento rescisório do FGTS (GRRF)	A GRRF é gerada por meio de um aplicativo disponibilizado gratuitamente aos empregadores no site do FGTS, da Caixa Econômica Federal ou, ainda, no Portal Empregador. O pagamento da multa rescisória (40%) sobre o saldo dos depósitos efetuados até a data da demissão deverá ser feito por guia específica disponibilizada no portal do e-social, opção "Guia FGTS".
Prova bancária de quitação	Comprovante de pagamento da quitação das verbas rescisórias.

Fonte: Adaptado de Silva (2015), Fidelis (2016) e Pontelo (2016).

Saiba mais

Como devem ser realizadas as anotações na CTPS?
Rescisão sem justa causa e com aviso prévio indenizado: na página do contrato de trabalho, deve ser anotada a data projetada do último dia do aviso prévio e, na página das anotações gerais, deve constar a data do último dia que o funcionário trabalhou.

Por exemplo: se um empregado for dispensado sem justa causa e com aviso prévio indenizado de 30 dias, em 31/05/B, considera-se este como sendo o seu último dia trabalhado, mas a data a ser lançada pelo empregador na página "contrato de trabalho" será a do dia 30/06/B e, na página "anotações gerais", deverá anotar a observação de que o último dia trabalhado foi 31/05/B. Veja na Figura 1 como preencher as páginas de "contrato de trabalho" e "anotações gerais".

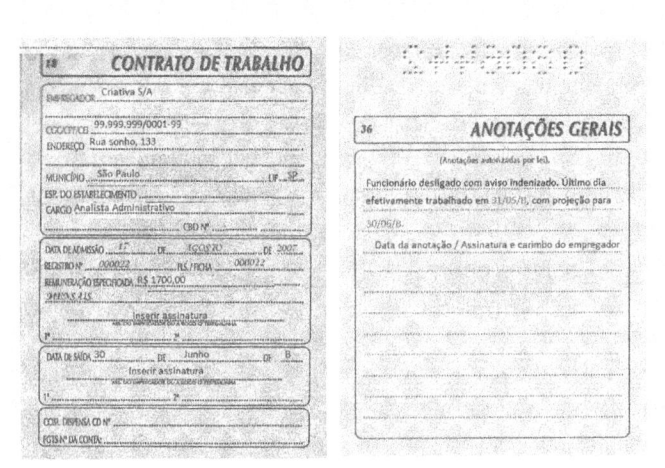

Figura 1. Páginas de "contrato de trabalho" e "anotações gerais".

Rescisão sem justa causa e com aviso prévio trabalhado, término do contrato de experiências, término do contrato por prazo determinado ou pedido de demissão com o cumprimento de aviso prévio: a data a ser anotada na CTPS é a do término do aviso prévio.

Aspectos éticos no processo de demissão

Os aspectos éticos estão totalmente relacionados à forma com as pessoas lidam com o processo de demissão. Imagine esta situação e reflita sobre ela: você trabalha na área comercial de uma empresa de grande porte que, atualmente, está realizando muitos desligamentos de funcionários. No domingo à tarde, seu telefone toca e você é informado que está sendo demitido da organização. Em geral, no domingo, você estaria se preparando para o dia seguinte e se assusta com o telefonema. A ligação te deixa muito triste, não apenas por ser desligado, como também pela atitude da empresa e, sobretudo, do profissional de RH.

A maneira com que foi conduzida a informação sobre o seu desligamento te deixou chateado, apesar de entender que a empresa está passando por dificuldades e precisa reduzir os seus custos com capital humano, porém, você não achou ética a forma de gerenciamento do processo, pois ser demitido é sempre chocante.

No momento da admissão de um funcionário, dificilmente a gerência faz o comunicado apenas pelo telefone, pois, em geral, ele também ocorre pessoalmente. Por isso, a área de RH e os gestores que comunicam o desligamento dos funcionários possuem uma tarefa difícil nas mãos e precisam de meios de minimizar os traumas e os estresses relacionados à demissão.

Quando alguém é desligado de uma empresa, diversos sentimentos emanam dele, por exemplo, sua autoestima baixa e ele se sente desvalorizado, mesmo que entenda e saiba as reais motivações do seu desligamento. Seria muito interessante se existissem programas de recolocação profissional, pois eles auxiliariam nesse processo tão doloroso para tantas pessoas (PONTELO, 2016).

As organizações deveriam adotar alguns aspectos éticos no processo de demissão, como:

- definir de forma consistente e transparente qual colaborador será desligado da empresa;
- criar um plano de benefícios para os funcionários desligados, auxiliando o seu retorno ao mercado de trabalho;
- estabelecer critérios coesos para realizar a demissão do funcionário, programando a data e o horário para anuncia-la, caso sejam demissões coletivas.

Lembre-se, quando os profissionais são tratados com seriedade e transparência, eles fazem o mesmo pela organização (PONTELO, 2016).

Processo demissional como ferramenta de gestão

Relevante dentro de uma organização por ser, em alguns momentos, imprescindível desligar um funcionário, o processo demissional é tão significativo quanto o admissional, que tem a intenção de contratar a pessoa certa para determinado cargo. Muitas vezes, a permanência de um colaborador querido, mas que não está produzindo o suficiente ou não tem boas práticas, acaba sendo desagradável para a empresa, pois ele pode se dar muito bem com o seu grupo de trabalho, mesmo gerando problemas (LACOMBE, 2011).

Uma incoerência habitual e muito preocupante é manter no quadro funcional os colaboradores que produzem muito pouco para a empresa. Por isso, é valoroso quando se tem instrumentos que auxiliem na avaliação dos funcionários a fim de ter maior coerência na tomada de uma decisão de desligamento. A forma como será realizada a comunicação do rompimento de um contrato de trabalho exige muita competência, habilidade e destreza do responsável por esse processo (LACOMBE, 2011).

De acordo com Lacombe (2011, p. 137), "Dizem alguns que o êxito de uma empresa depende de quem é admitido e de quem é demitido, isto é, da formação da equipe".

Possuir o profissional certo no quadro funcional é uma tarefa importante, por isso, é necessário manter apenas os funcionários que agreguem valor, a fim de alcançar as metas da empresa. Lembre-se, o processo de demissão precisa ser bem estruturado para que o colaborador que for desligado saia tranquilo e não tome nenhuma atitude drástica ou faça difamação. A maneira como a demissão é anunciada pode influenciar os colaboradores que continuam na organização, atingindo sua motivação e moral (LACOMBE, 2011).

No momento da demissão, é importante que se tenha transparência, pois como dizem "a mentira tem perna curta" e a verdade vira à tona, por isso, aconselha-se omitir os detalhes mais sórdidos e nunca mentir para o colaborador que está sendo desligado (LACOMBE, 2011).

Algumas organizações possuem anseios de realizar demissões, pois têm a preocupação que ex-colaboradores carreguem consigo informações essenciais de processos, produtos e clientes e as entreguem facilmente aos seus concorrentes. Infelizmente, não adianta impedir que um funcionário demitido acesse os seus arquivos físicos ou no computador, a maioria já sente que será desligada e se antecipa em realizar um *backup* ou cópias de documentos que acha importante, o melhor é criar um clima de segurança no momento da rescisão para evitar essa situação (LACOMBE, 2011).

Gestão da demissão

O rompimento de um contrato de trabalho não é fácil de ser realizado, tanto para o empregador como para o empregado, mas por que isso ocorre?

Porque as pessoas criam vínculos com as organizações e vice-versa, os quais são quebrados quando ocorre o desligamento, surgindo muitos sentimentos, independentemente de ser um pedido de demissão ou uma rescisão por parte do empregador. Já a empresa tem uma tarefa que exige certo preparo, pois ela vem cercada de questionamentos por parte dos funcionários, por isso, é necessário preparar-se antes de chamar um colaborador e realizar o comunicado do seu desligamento, verificando os motivos da ruptura do contrato e tendo cautela com as palavras que serão ditas para ele, pois excessos durante esse momento podem gerar uma ação trabalhista no futuro (LACOMBE, 2011).

Para tornar o momento da rescisão mais produtivo, a empresa deve se atentar a alguns fatores.

- Orientações ao gestor: o setor de RH deve auxiliar o gestor neste processo, desde a tomada de decisão sobre o desligamento do colaborador até o momento do seu comunicado.
- Suporte emocional o funcionário: caso a empresa possua algum psicólogo atuando no setor de RH, é interessante que ele participe do momento de desligamento para dar suporte emocional para o colaborador.
- Realização de entrevista de desligamento: esse momento é importante, pois o funcionário consegue externar todos os sentimentos e anseios. Já no retorno da entrevista, se visualiza os aspectos a melhorar dentro da empresa e seus aspectos positivos. Quem a está deixando não tem nada a perder e, geralmente, consegue expressar tudo que está ocorrendo internamente.
- Auxílio na elaboração do currículo: se existir, essa possibilidade será proveitosa, pois muitas pessoas atuam há tanto tempo em uma empresa que não sabem o rumo da sua carreira após o seu desligamento.

Existem diversas ações que podem ser tomadas pelos gestores com o auxílio do setor de RH, mas a mais valiosa é ter consideração pelas pessoas e entender que o processo de desligamento não é fácil e exige muita compreensão de todos.

Comportamento das pessoas e dos gestores

A área de RH das empresas passou a ter um papel mais estratégico, deixando de ser apenas um setor relacionado a aspectos motivacionais das pessoas. Nesse sentido, os colaboradores são vistos como elementos que influenciam diretamente no desempenho, merecendo atenção especial dos gestores. As organizações são compostas de pessoas e dependem delas para atingir os seus objetivos. Já para os funcionários, as empresas representam um meio pelo qual eles investem tempo e esforço, com o propósito de alcançar seus objetivos pessoais (LACOMBE, 2011).

> **Fique atento**
>
> As metas e os objetivos são estipulados pelas pessoas que administram as empresas e, para serem alcançados, precisam ter um bom direcionamento dos recursos financeiros, materiais ou humanos. Se existir uma união de todos que fazem parte da organização, será mais factível atingir bons resultados corporativos, e os colaboradores terão maiores oportunidades de satisfazer as suas necessidades e os seus desejos.

Em uma organização, a forma como ocorre a distribuição de RH pode acontecer em diversos formatos, porém cada empresa opta por uma, não existindo uma "receita de bolo" para isso. Existem instituições mais abertas, democráticas, autocráticas ou com outro tipo de gestão, não há um modelo mais correto para seguir, pois o sucesso está atrelado à maneira como a organização consegue administrar o seu bem mais precioso, os RH (LACOMBE, 2011).

Você já sabe a importância das pessoas e das empresas, agora é necessário entender um pouco mais sobre o comportamento de um funcionário que é desligado da organização. Lembre-se, até mesmo bons colaboradores podem ter o seu contrato de trabalho rompido, por isso, todos devem estar preparados para essa situação. Geralmente, o comportamento da pessoa demitida é vigorosamente motivado por sua emoção e, nesse momento, aparecem as armadilhas psicológicas que podem direcionar o indivíduo a ter problemas pessoais.

Segundo Lacombe (2011), as principais armadilhas que necessitam ser evitadas são:

- a perda de identidade;
- a perda da "família";
- a perda do ego.

Considerando que a demissão é uma vivência traumática, é imprescindível que as empresas apoiem o máximo possível os funcionários desligados.

Você deve estar se perguntando qual seria o comportamento ideal do gestor no processo de demissão? É necessário que ele tenha transparência ao comunicar o desligamento do funcionário, esteja atento ao seu comportamento e, em um cenário ideal, seria interessante direcionar o colaborador que foi desligado para dar continuidade no processo de desenvolvimento de sua carreira. No entanto, são poucas as organizações que possuem esse processo estruturado.

Ferramentas que embasam a tomada de decisão

Nos últimos anos, a ferramenta mais utilizada para o embasamento da tomada de decisão dentro de uma organização é a avaliação de desempenho, pois se trata de um processo bem estruturado, que tem a possibilidade de mensurar três dimensões: desenvolvimento, resultado e comportamento (DUTRA; DUTRA; DUTRA, 2017).

- Desenvolvimento: é quando um colaborador tem condições suficientes para assumir atribuições que tenham um grau maior de complexidade.
- Resultado: é quando um colaborador atinge as metas e os objetivos que foram estabelecidos por seu gestor ou pela empresa.
- Comportamento: é quando um colaborador se relaciona bem com seus colegas de trabalho, possui atitudes adequadas e adere aos valores da empresa.

Conheça mais algumas ferramentas que podem embasar a tomada de decisão:

- pesquisa;
- matriz Swot;
- teorias como ferramentas (administração científica/teoria clássica, etc.);
- gráficos;
- tabelas;
- diagramas;
- controles de qualidade;
- sistema de informação;
- questionário e entrevistas;
- *softwares* de gestão, etc.

Entrevista de desligamento

A entrevista de desligamento é uma prática utilizada pelas empresas no momento em que ocorre a demissão do funcionário. Seu propósito é apurar junto ao colaborador desligado algumas informações, como o nível de satisfação com as práticas e políticas da empresa, o ambiente de trabalho, o relacionamento com os colegas e superiores, etc. (MARRAS, 2009).

A entrevista pode ser aplicada em formato de questionário ou com questões descritivas, e deve ser respondida no ato do desligamento. Geralmente, após o seu preenchimento, é realizada uma entrevista individual para capturar os depoimentos e sanar dúvidas sobre as informações dadas pelo colaborador. Em seguida, os dados são tabulados e repassados para os mais diversos setores. Essas informações podem ter relação com remuneração, treinamentos, benefícios oferecidos pela empresa, superior imediato, etc. (MARRAS, 2009).

Muitas vezes, nessas entrevistas, são constatadas diversas irregularidades nos processos internos da empresa, e a primeira ação a ser realizada é averiguar a veracidade do fato e tentar ajusta-la para não gerar insatisfação nos funcionários que continuam trabalhando na organização (MARRAS, 2009).

Na Figura 2, você verá o modelo de um formulário de entrevista de desligamento.

MODELO DE FORMULÁRIO – ENTREVISTA DE DESLIGAMENTO

Nome do Colaborador / Cargo que exerce na empresa: Data da Entrevista:

Nome do Entrevistador: Setor do Entrevistador:

QUESTIONAMENTOS

- Quais os motivos que o fizeram pedir demissão? (Questão deve ser aplicada, se for pedido de demissão)
- Qual a imagem que você tem da empresa?
- Você teve oportunidades de desenvolvimento profissional?
- Você sentiu alguma dificuldade para crescer profissionalmente na empresa?
- O que você acha do nosso ambiente organizacional?
- Como era o seu relacionamento com os seus colegas trabalho? E com o seu gestor?
- Você voltaria a trabalhar conosco? Por quê?
- Gostaria de dizer algo mais sobre a empresa?

Assinatura do Desligado: Assinatura do Entrevistador:

Figura 2. Modelo de formulário de entrevista de desligamento.

Referências

BANDEIRA, M. O. Formulário de entrevista para desligamento. *Minhateca*. 28 mar. 2017. Disponível em: <http://minhateca.com.br/prmaxob/Privada/pc+da+ado/arquivos+ado/RH/ Entrevistas+de+Desligamento/Formul*c3*a1rio+de+Entrevista +para+Desligamento,1080301284.doc>. Acesso em: 6 mar. 2018.

DUTRA, J. S.; DUTRA, T. A. e DUTRA, G. A. *Gestão de pessoas*: realidade atual e desafios futuros. São Paulo: Atlas, 2017.

FIDELIS, G. J. *Gestão de pessoas*: rotinas trabalhistas e dinâmicas do departamento de pessoal. 4. ed. São Paulo: Érica, 2016.

IORIO, C. S. *Manual de administração de pessoas*. 13. ed. São Paulo: Senac/SP, 1996.

LACOMBE, F. *Recursos humanos*: princípios e tendências. São Paulo: Saraiva, 2011.

MACIEL, J. As 10 melhores ferramentas para a tomada de decisão. *upLexis*: informação relevante para decisões de negócios. 21 set. 2016. Disponível em: <http://blog.uplexis.com.br/ ferramentas-para-tomada-de-decisao/>. Acesso em: 15 fev. 2018.

MARRAS, J. P. Administração de recursos humanos: do operacional ao estratégico. 13. ed. São Paulo: Saraiva, 2009.

PONTELO, J.; CRUZ, L. *Gestão de pessoas*: manual de rotinas trabalhistas. Brasília: Senac/DF, 2016.

SILVA, M. L. *Administração de departamento de pessoal*. 14. ed. São Paulo: Érica, 2015.

Relações trabalhistas

Objetivos de aprendizagem

Ao final deste texto, você deve apresentar os seguintes aprendizados:

- Descrever o que caracterizam as relações trabalhistas e os diversos atores envolvidos nesse processo.
- Identificar ações a serem praticadas pelos gestores para balizarem as relações trabalhistas.
- Analisar os impactos das relações trabalhistas para todos atores envolvidos nos processos.

Introdução

Neste capítulo, você estudará o que estabelece as relações trabalhistas, os envolvidos nesse processo e quais são as consequências a partir das ações tomadas pelos responsáveis.

É importante mencionar que essa área está sob responsabilidade da área de gestão de pessoas de uma empresa, no entanto, ela se baseia nas leis trabalhistas vigentes, assim como na maneira como direciona suas decisões para um melhor relacionamento com os outros atores desse sistema.

Relações trabalhistas e os envolvidos

No final do século XIX, a partir do fim da escravidão, houve um processo global pela consolidação das leis trabalhistas, em razão da necessidade cada vez maior de mão de obra assalariada. No Brasil, a primeira definição trabalhista, nos moldes atuais, foi com a Constituição de 1891, que considerou o trabalho uma prática remunerada e livre. Após esse período, muitos foram os acontecimentos e as modificações nas relações de trabalho, em níveis mundial e nacional. Para iniciarmos nossa análise sobre este tema, você precisa, primeiramente, entender o que são as relações trabalhistas e quem são os envolvidos diretos nesse processo.

As relações trabalhistas estabelecem o cumprimento de uma série de rotinas trabalhistas por parte da empresa, o que geralmente é realizada por uma pessoa específica ou, dependendo do tamanho da organização, pelo departamento pessoal responsável pelo controle e monitoramento desses detalhes. Como exemplo dessas atividades, temos: pagamento de salários, registros de funcionários e pagamento de contribuições sindicais. Todas essas obrigações são monitoradas pelo Ministério do Trabalho e Emprego, que coloca à disposição da sociedade um local para representa-lo na maioria das cidades brasileiras.

A relação que se estabelece entre empregador e empregado é formalizada por meio de um contrato de trabalho, que se trata de um acordo tácito ou expresso, por prazo determinado ou indeterminado. Além da admissão ou rescisão do contrato de trabalho, a empresa realiza outros tipos de atividades que estabelecem a sua relação com seus funcionários, como programa de aposentadoria, programa de estágios, políticas de proteção ao trabalhador contra assédios, controle da jornada de trabalho, política de remuneração (salário somado aos benefícios), controle das férias, etc.

Sabemos que cada empresa possui suas determinadas regras e atividades, no entanto, elas estão inseridas em determinado cenário econômico e trabalhista e, por isso, devem seguir um conjunto de leis que, no Brasil é a Consolidação das Leis Trabalhistas (CLT). A CLT constitui o principal instrumento de regulamentação das leis trabalhistas e proteção dos trabalhadores no Brasil. Já sofreu algumas alterações desde a sua criação, o que foi necessário para se adaptar às mudanças ao longo dos anos. Resumidamente, seu conteúdo é constituído pelos principais assuntos relacionados ao trabalho:

- carteira de trabalho/registro do trabalhador;
- jornada de trabalho e período de descanso;
- férias do trabalhador;
- aspectos relacionados à medicina do trabalho;
- categorias especiais de trabalhadores;
- trabalho da mulher;
- contratos individuais de trabalho;
- organização sindical;
- convenções coletivas;
- justiça do trabalho e processo trabalhista.

Dessa forma, é possível perceber que a empresa deve manter o controle em sua administração, ou melhor, em sua gestão de pessoas. Os registros dos trabalhadores, por exemplo, devem ser constantemente atualizados, devido às entradas e saídas constantes dos funcionários, assim como as férias, que devem ser controladas para que cada trabalhador consiga tirar gozo de seu período dentro do prazo estipulado por lei.

As políticas de admissão de funcionários também são consideráveis, pois a empresa deve planejar quais os tipos de contratação, por exemplo, se estagiários farão parte das equipes, ou se haverá muitos trabalhadores com planos de aposentadoria no próximo ano. Perceba que todos os detalhes influenciam no quadro de funcionários, e isso pode afetar de forma positiva ou negativa algumas áreas da empresa, dependendo de como é realizado esse planejamento na área de gestão de pessoas.

Um ponto a destacar dentre as práticas realizadas pela gestão de pessoas, seria o delicado acompanhamento do trabalho realizado pela mulher no ambiente corporativo. As pesquisas, em geral, demonstram que as mulheres são menos remuneradas que os homens, bem como são mais passíveis de assédios junto aos seus colegas de trabalho ou gestores. Desse modo, é imprescindível uma boa análise e descrição de cargos e salários, para que não haja diferença de salários, nem diferença de tratamento aos funcionários quanto ao gênero, mas sim que o resultado do trabalho desenvolvido pela pessoa seja o mais importante. Para possíveis casos de assédio, tanto moral como sexual, uma política de prevenção abordando esse assunto, por meio de palestras e informativos, seria uma ação relevante a ser praticada.

Portanto, algumas atividades que as empresas realizam são de fato realizadas para acompanhar as exigências das leis trabalhistas e, assim, evitar transtornos judiciais ou até mesmo denúncias no Ministério do Trabalho e Emprego. No entanto, quanto mais a empresa se preocupar em envolver o trabalhador em suas respectivas atividades e fazer ele estar realmente envolvido com a empresa, tendo a gestão de pessoas "aberta" à todas as áreas da empresa, melhores serão as relações e o clima interno de trabalho.

Em complemento à essa relação "empresa-funcionário" estão os sindicatos, que atuam como representantes de uma classe trabalhadora ou até mesmo de um grupo de empresas, como você verá em detalhes no próximo subitem.

> **Saiba mais**
>
> A CLT entrou em vigor em 1º de maio de 1943, durante o governo de Getúlio Vargas. Essas leis trabalhistas foram provenientes de muitas reivindicações dos trabalhadores na época e serviram para estabelecer condições mais humanas de trabalho à sociedade.

Diferentes tipos de sindicatos e greve

Você já sabe que um dos principais atores das relações trabalhistas é o Sindicato e, por isso, é importante entender que se trata de uma organização representativa, tanto de trabalhadores como de empresários, seja originária de uma cidade, estado ou região.

Pode-se definir sindicato como uma entidade constituída por pessoas físicas ou jurídicas, em caráter definitivo, para estudo e defesa de interesses similares e prestação de assistência a todo um grupo. Existem requisitos para o reconhecimento e o funcionamento dessas organizações, ou seja, para que elas sejam, de fato, consideradas um sindicato. No entanto, é relevante destacar quais são os deveres dessas organizações, conforme a legislação vigente:

- Colaboração com os poderes públicos no desenvolvimento da solidariedade social.
- Manutenção de assistência judiciária gratuita aos seus associados.
- Promoção da conciliação dos dissídios de trabalho.
- Disponibilização, se possível, de assistência social com a finalidade de promover a cooperação da organização e a integração do profissional na classe.
- Promover a fundação de cooperativas de consumo e de crédito.
- Fundar e manter escolas de alfabetização e pré-vocacionais.

É importante também explicar que existem, basicamente, dois tipos de sindicatos.

- **Sindicatos laborais ou de trabalhadores:** representantes de categorias profissionais, por exemplo, Sindicato dos Metalúrgicos.
- **Sindicatos patronais ou empresariais:** representantes de classes econômicas, por exemplo, Sindicato das Agências de Propaganda do Estado do Rio Grande do Sul (Sinapro-RS).

Ambos atuam como monitores para que as normas estabelecidas sejam seguidas, bem como realizam atividades em prol de determinado conjunto de trabalhadores ou empresários. Dessa maneira, quando existem decisões a serem tomadas, os representantes consideram seus interesses e, por meio das convenções coletivas, estabelecem acordos para determinado setor econômico, seja em âmbito municipal, estadual ou federal.

Obviamente, nem sempre é fácil chegar a um acordo que satisfaça a todos os envolvidos, diante de tantos interesses diferentes. Contudo, para que o conflito seja evitado, existem meios legais para uma resolução pacífica, que se tratam de ferramentas previstas na legislação federal e que podem auxiliar tanto trabalhadores como empresários.

Uma ferramenta muito significativa é a negociação coletiva de trabalho, que pode originar os acordos coletivos ou a convenção coletiva. Em última instância, a negociação pode gerar um dissídio coletivo, que prevê a atuação do Poder Judiciário.

Caso nenhuma dessas situações traga uma solução pacífica, em uma assembleia, os trabalhadores de determinada classe podem optar pela realização de greve, caso entendam que não tiveram êxito após uma negociação, ou seja, os trabalhadores podem optar por paralisar suas atividades, seja de forma parcial ou total.

Porém, as greves podem trazer grandes prejuízos para as empresas e gerar um desgaste emocional muito grande aos trabalhadores. Quando se trata de uma indústria ou uma empresa que presta algum serviço, essas atividades param de ser realizadas, gerando uma diminuição no lucro e, consequentemente, a insatisfação dos clientes. Caso a greve se estenda, pode até mesmo prejudicar a imagem da empresa perante seu nicho de mercado. Se tratando dos trabalhadores, além do estresse por todo o envolvimento que a greve proporciona, eles ainda podem sofrer retaliações ao término da greve, prejudicando o clima no ambiente de trabalho.

Saiba mais

A palavra "greve" tem sua origem derivada do francês *grève* e é oriunda do Place de Grève, que ficava em Paris às margens do rio Sena. Era um local de embarque e desembarque de navios, onde trabalhadores desempregados ou insatisfeitos costumavam se reunir (CATTANI, 1997).

> **Link**
>
> A greve se trata de um direito do trabalhador e está determinada na Constituição, conforme determina o parágrafo único do art. 3º da Lei nº 7.783/1989. Veja a Lei na íntegra no link a seguir.
>
> https://goo.gl/woFZNE

Gestores e suas ações

Para que as relações entre todos os envolvidos, nas chamadas relações trabalhista, sejam estabelecidas de maneira saudável e até mesmo que conflitos, como a greve, sejam evitados, é de grande importância que os gestores ajam de acordo com as leis trabalhistas vigentes.

No entanto, as empresas não podem somente se limitar a seguir as leis e normas determinadas pelo Ministério do Trabalho e Emprego. Atualmente, a área de gestão de pessoas é peça-chave para um bom relacionamento entre gestores, colaboradores e sindicatos, pois não é somente as condições de trabalho que devem ser favoráveis. A classe trabalhadora, de modo geral, está cada dia mais interessada em sua satisfação no trabalho, ou seja, com o seu contentamento diante de sua participação no processo geral da empresa, o que antigamente não existia.

Por todos os motivos expostos, uma das ações mais importantes que a gestão de uma empresa pode realizar, por meio da gestão de pessoas, é estar aberta ao **diálogo**. Essa simples ação proporciona ao trabalhador um sentimento de pertencimento à organização, de que ele será ouvido se tiver alguma sugestão ou reclamação a fazer, seja diante de seu trabalho ou da empresa em que está inserido. Esses momentos de diálogo com os gestores da empresa podem evitar um momento de conflito e proporcionar proximidade entre os níveis hierárquicos de uma organização, estimulando a chamada empatia, que seria a capacidade de uma pessoa se colocar no lugar de outra e entender suas atitudes a respeito de determinado assunto.

Como exemplo de outras atividades que a área de gestão de pessoas pode desenvolver de forma a proporcionar um ambiente de trabalho satisfatório e um constante contato com os seus colaboradores estão:

- pesquisa de clima organizacional;
- plano de carreira;

- avaliação de desempenho;
- programa de treinamento e desenvolvimento.

Dessa forma, os funcionários enxergam outros benefícios em sua empresa do que somente o valor em dinheiro pela troca de sua "força de trabalho". É possível desenvolver as pessoas, realizando atividades que apoiam a execução de suas funções.

Relações trabalhistas e seus impactos

De forma direta ou indireta, praticamente todos os setores de uma sociedade estão inseridos nas relações trabalhistas, pois o trabalho é o que move a economia de um país e sua classe trabalhadora em diferentes áreas, são as pessoas que produzem e ao mesmo tempo consomem produtos e serviços. Os impactos maiores que as relações trabalhistas podem apresentar se referem às determinações realizadas pelo Governo, ou seja, existem discussões e projetos de leis que a população acaba não tendo muito acesso, muitas vezes por falta de interesse político, e que vem à tona somente quando reformas são estabelecidas ou alguma lei sancionada. Muitas vezes, nem mesmo os sindicatos possuem poder de modificar algumas decisões do Governo, porém, cabe a cada sindicato, acompanhar esses trâmites e defender os interesses de sua classe trabalhadora ou empresarial.

Em um ambiente microeconômico, os funcionários de uma empresa estão sempre em contato com a forma de gestão do local em que trabalham. Os funcionários devem estar atentos quanto ao cumprimento das leis por parte da empresa, ou seja, se o seu salário é pago de acordo com o seu contrato de trabalho, se as suas férias são calculadas corretamente, se a sua jornada de trabalho está de acordo com o que foi estabelecido por lei, etc.

Da mesma forma, as empresas são responsáveis pelo cumprimento de muitas obrigações legais diante de seu grupo de funcionários, pois, caso contrário, podem sofrer consequências sérias, como recebimento de notificações, pagamento de multas e, até mesmo, encerramento de suas atividades (formalmente conhecido como interdição ou embargo).

Sabendo que muitas das relações trabalhistas são desenvolvidas diariamente, principalmente em um ambiente empresarial em que há o tratamento entre gestores e funcionários, o papel da gestão de pessoas se torna cada vez mais significativo. Estabelecer uma boa relação com todos os setores da uma empresa deveria ser papel primordial da gestão de pessoas, pois não somente o local de trabalho deve ser higiênico e seguro, mas também saudável de forma que os trabalhadores se sintam bem desenvolvendo seu trabalho. Essa satisfação dos funcionários pode influenciar em muitos pontos importantes de uma administração, desde a manutenção do quadro funcional, até a produtividade fabril, por exemplo.

Fique atento

Após a criação da CLT, muitas leis já foram adicionadas. Em 2017, houve uma Reforma Trabalhista em que várias modificações foram realizadas, entre elas a possibilidade de negociação da jornada de trabalho e a modificação da contribuição sindical de obrigatória para facultativa.

Exemplo

Um exemplo de quais podem ser as consequências para as empresas que não seguem a CLT aconteceu na cidade de Caxias do Sul, no Rio Grande do Sul, em 9 de janeiro de 2018.

Seis imigrantes haitianos denunciaram uma empresa da área metalúrgica por más condições de trabalho e longas jornadas de trabalho, e a empresa será investigada por entidades trabalhistas e de segurança.

A investigação será de responsabilidade da Polícia Federal, que é responsável por casos que envolvem possíveis atividades relacionadas à escravidão. Como os funcionários eram deslocados para outros municípios do mesmo Estado, há a necessidade de a investigação ser delegada às cidades onde as irregularidades teriam ocorrido.

O art. 149 do Código Penal enquadra condições análogas à escravidão, como trabalhos forçados ou jornadas exaustivas por meio de situações degradantes. Para quem comete o crime, está prevista reclusão de 2 a 8 anos, multa, além de pena correspondente à possível violência. A pena é aumentada caso seja verificado que a imposição das condições ocorreram por preconceito de raça, etnia, religião ou origem.

A denúncia foi efetuada publicamente pelo Sindicato dos Metalúrgicos contra a empresa. Porém, o Ministério Público do Trabalho recomendou que não fossem expostas as denúncias como essas, antes da conclusão do trabalho de investigação.

Referências

BRASIL. Lei nº 7.783, de 28 de junho de 1989. *Casa Civil - Presidência da República*. Disponível em: <http://www.planalto.gov.br/ccivil_03/leis/L7783.htm>. Acesso em: 8 jan. 2018.

CATTANI, A. D. *Trabalho e tecnologia:* dicionário crítico. Porto Alegre: Ed. Universidade, 1997

FRAZÃO, M. Órgãos trabalhistas e polícia devem investigar empresa de Caxias denunciada por trabalhadores haitianos. *Pioneiro*, Caxias do Sul, 9 jan. 2018. Disponível em: <http://pioneiro.clicrbs.com.br/rs/geral/noticia/2018/01/orgaos-trabalhistas-e-policia-devem-investigar-empresa-de-caxias-denunciada-por-trabalhadores-haitianos-10113595.html>. Acesso em 9 jan. 2018.

LFG. *Direitos trabalhistas:* história, evolução e perdas. São Paulo, 1 maio 2017. Disponível em: <http://www.lfg.com.br/conteudos/artigos/geral/direitos-trabalhistas-historia-evolucao-e-perdas>. Acesso em: 8 jan. 2018.

Leituras recomendadas

EVOLUÇÃO das relações trabalhistas. *Portal Brasil*, Brasília, 26 abr. 2011. Disponível em: <http://www.brasil.gov.br/economia-e-emprego/2011/04/evolucao-das-relacoes-trabalhistas>. Acesso em: 8 jan. 2018.

OLIVEIRA, L. O. *Gestão de pessoas aplicada ao setor público*. Porto Alegre: SAGAH, 2017.

Indicadores de desempenho

Objetivos de aprendizagem

Ao final deste texto, você deve apresentar os seguintes aprendizados:

- Reconhecer a importância do estabelecimento de indicadores de desempenho para o alcance de objetivos organizacionais.
- Identificar quais os principais indicadores de desempenho que podem ser utilizados na gestão de pessoas.
- Aplicar os indicadores de desempenho por meio de fórmulas aplicadas às áreas.

Introdução

Neste capítulo, você estudará a importância do estabelecimento e da mensuração de indicadores de desempenho para a área de gestão de pessoas/recursos humanos (RH) e como eles podem auxiliar uma organização a atingir seus objetivos e metas. Além disso, você poderá entender na prática, por meio de fórmulas, como calcula-los, bem como as suas utilizações no cotidiano de uma empresa.

Indicadores de desempenho e objetivos organizacionais

Devido ao posicionamento estratégico que a área de gestão de pessoas ocupa (ou deveria ocupar), é preciso demonstrar às outras áreas e à empresa alguns indicadores visíveis e mensuráveis a todos. Sabe-se que a gestão de pessoas lida com muitas variáveis subjetivas e são essenciais para a melhor compreensão de alguns fatores que influenciam no comportamento e desempenho das pessoas. No entanto, é possível mensurar alguns indicadores que podem auxiliar no gerenciamento em geral de uma organização. Não se trata somente de indicadores para a gestão de pessoas, mas também para todas as áreas, pois elas são compostas de pessoas, ou seja, "por não apresentar dados que comprovem sua contribuição para a organização, a área de RH é subvalorizada pelas demais áreas funcionais" (LIMONGI-FRANÇA, 2008, p. 116).

Limongi-França (2008) menciona um artigo chamado "Sua maravilhosa, terrível vida de RH", de Wiscombe (2001 *apud* LIMONGI-FRANÇA, 2008), publicado na revista Workforce, cujo objetivo foi levantar informações a respeito do papel do profissional da área de gestão de pessoas. Nesse estudo, a autora entrevistou 200 funcionários e as suas respostas demonstraram, entre outros aspectos, falta de clareza em relação ao seu papel; demasiada ênfase em atividades administrativas, em vez de tomada de decisão; e falta de entendimento das organizações sobre a área, fortalecendo a imagem de que "não tem valor intrínseco e 'come' o dinheiro do orçamento", como citou um dos entrevistados.

Esse estudo vem ao encontro de um senso comum sobre o trabalho desenvolvido pelos profissionais da área de gestão de pessoas, a qual é considerada extremamente subjetiva, não trabalha direcionada para resultados ou não tem um direcionamento estratégico com relação as suas atividades. Tudo isso pode ser cogitado por falta de conhecimento dos profissionais de administração ou de outras áreas, pois quando a gestão de pessoas é pensada estrategicamente, os benefícios que ela pode trazer à uma organização são imensos. Uma das formas de demonstrar essa contribuição é por meio dos indicadores, tornando visível a gestão de pessoas para os outros profissionais e as outras áreas.

De acordo com Fitz-Enz (2001), cada empresa deve desenvolver e implementar indicadores consistentes com seus objetivos específicos. Dessa forma, duas organizações dificilmente contarão com os mesmos indicadores para avaliar sua gestão de pessoas. Para a sua implementação, o autor sugere um roteiro com perguntas.

- Aonde queremos chegar? Quais são os objetivos da gestão de pessoas?
- Quais dados precisamos capturar e administrar para chegar à linha de chegada?
- Quem deverá gerar estes dados?
- Quando necessitaremos deles?
- Como atingiremos isso de maneira mais eficiente e efetiva?

Saiba mais

Quando você for pesquisar mais a respeito dos indicadores de desempenho, saiba que poderá encontrá-los também pela sigla KPI, que em inglês significa *key performance indicator* — os famosos indicadores-chave de desempenho.

Segundo Limongi-França (2008), a avaliação de resultados da gestão de pessoas é a prática de julgamento e apreciação a partir dos objetivos dessa área e se estes foram alcançados com o uso eficiente dos recursos. A partir da mensuração dos resultados por meio dos indicadores de desempenho, existem implicações que podem ser analisadas quanto à eficácia organizacional em cada área da gestão de pessoas.

a) Eficácia organizacional: os indicadores devem ser relacionados ao desempenho dos cenários macroeconômicos do país em seus diversos ramos de atividade. É possível analisar o quanto a gestão de pessoas agregou de valor à empresa e identificar possíveis problemas ou oportunidades de melhoria.
b) Estrutura de gestão de pessoas: os indicadores relacionados à estrutura demonstram as despesas, os serviços, as remunerações, os níveis, as categorias e a quantidade de profissionais da organização.
c) Remuneração: esses indicadores avaliam as estratégias e os sistemas de recompensas e reconhecimento, seja por meio de remuneração variável ou preservação de talentos.
d) Benefícios: os indicadores relacionados aos benefícios permitem a análise do sistema de recompensa, que complementa a remuneração total. É possível verificar se a política de benefícios é competitiva no mercado.
e) Absenteísmo e rotatividade: indicadores que não devem ser calculados de maneira operacional e simplista, pois podem colaborar com informações muito relevantes a respeito dos custos e do clima organizacional.
f) Recrutamento e seleção: os indicadores devem auxiliar a qualidade na realização destas atividades, a um custo competitivo, de forma que sejam selecionados e contratados os profissionais que melhor se encaixam em vagas em aberto.
g) Educação e aprendizagem (T&D): essa área tem recebido cada vez mais atenção, pois existem expectativa e cobrança de resultados quanto ao investimento realizado.
h) Saúde ocupacional: essa área relaciona os indicadores referentes, principalmente, aos acidentes de trabalho e às doenças ocupacionais. Por isso, a gestão preventiva desses dois itens deve ser um objetivo primário dos gestores da organização.
i) Relações trabalhistas: as influências do cenário socioeconômico e político no qual a empresa está inserida devem ser compreendidas, pois a gestão precisa ser estratégica e proativa com relação às questões trabalhistas e sindicais.

j) Perfil das pessoas: a análise do perfil dos funcionários por categorias profissionais é importante, pois tornou-se cada vez mais relevante que a gestão de pessoas conheça verdadeiramente os funcionários que compõem uma organização de modo a orientar ações e estratégias organizacionais.

Indicadores de desempenho para a gestão de pessoas

Entender como calcular os principais indicadores de desempenho é importante, bem como o que significa para a gestão de uma empresa o índice desses cálculos estarem altos ou muitos baixos. É imprescindível que os gestores estejam atentos à periodicidade do seu cálculo, pois não há uma regra fixa de quando cada um deles deve ser calculado, e sim alguns valores indicativos quanto à saúde organizacional. No entanto, cabe a cada gestor se atentar não somente aos números, mas também à necessidade de atualização desses indicadores a partir de observações realizadas no cotidiano de trabalho. Já a partir do índice apurado, ele deve perceber quais serão as tomadas de decisões a fim de modificar cenários negativos ou potencializar os positivos.

Você verá no Quadro 1 os principais tipos de indicadores que são necessários para uma boa gestão de pessoas. Além da diferenciação entre eles, serão apresentadas algumas interpretações a partir do resultado de seus cálculos.

Quadro 1. Exemplos de Indicadores de Gestão de RH.

Categoria	Conteúdo	Exemplos
Demográficos	Esta categoria contém indicadores que auxiliam em quantidade, disponibilidade, diversidade, rotatividade e formação da força de trabalho.	▪ Número de colaboradores ou sua média. ▪ Proporção de colaboradores. ▪ Absenteísmo. ▪ Índice de admissão. ▪ Índice de desligamento. ▪ *Turnover* (rotatividade). ▪ Amplitude de comando.

(Continua)

(Continuação)

Quadro 1. Exemplos de Indicadores de Gestão de RH.

Categoria	Conteúdo	Exemplos
Financeiros	Esta categoria contém indicadores que dizem respeito ao investimento que as organizações fazem em RH, entre outros possíveis dispêndios envolvendo pessoas.	- Salário médio por colaborador. - Remuneração média por colaborador. - Custo de saúde por colaborador. - Custo de treinamento e desenvolvimento por colaborador.
Operacionais ou de processos	Esta categoria contém indicadores que ajudam na compreensão do desempenho de processos internos e ações pertinentes à área de gestão de pessoas.	- Índice de preenchimento de vagas. - Índice de retenção. - Hora de treinamento pelo número de colaboradores. - Número médio de colaboradores. - Usuários do plano de saúde.

Fonte: Adaptado de Assis (2012).

Fique atento

Para saber se os índices calculados de uma empresa estão dentro dos parâmetros esperados, ela precisa realizar o *benchmarking*. Essa ferramenta de gestão consiste na mensuração da performance da organização, permitindo que ela compare sua eficiência com a de outras empresas, frequentemente com a líder do segmento ou outra concorrente muito relevante. Um exemplo importante de indicadores seria o *benchmarking* paranaense de RH, em que, desde 2009, uma pesquisa é realizada a partir de parcerias entre ABRH-PR e BACHMANN & ASSOCIADOS com empresas do Paraná. O objetivo é oferecer a elas uma referência sobre a situação dos principais indicadores de gestão de pessoas no Estado. A partir desse estudo, são levantados diversos indicadores de desempenho e, assim, as empresas possuem uma referência de índices para a sua gestão.

Seria um tanto maçante explanar a respeito de cada um desses indicadores, por isso, você se atentará aos principais, como eles podem ser calculados e quais as interpretações a partir de seus resultados.

Absenteísmo

Aponta quantas horas de trabalho estão sendo desperdiçadas devido ao número de atrasos, faltas ou saídas por parte dos funcionários. Caso ele chegue tarde ou não vá ao trabalho com frequência, isso pode significar que não se sente motivado o suficiente ou se trata de um problema no clima organizacional. Problemas de saúde, trânsito em grandes cidades, demissões na empresa e perda de entes queridos são alguns dos fatores que contribuem para o aumento desse índice. O importante é estar atento aos motivos e às frequências das áreas e/ou dos profissionais. É um ponto de atenção dos gestores, como se fosse um termômetro para a equipe.

Para o cálculo do absenteísmo, utiliza-se a seguinte fórmula:

Horas perdidas / horas trabalhadas x 100

Rotatividade = *turnover*

Refere-se à rotatividade de pessoal, baseada no volume de entrada e saída de funcionários durante certo período, em termos percentuais. Quando as empresas quiserem medir a eficiência na retenção de pessoas, por estar em fase de expansão, por exemplo, é recomendado utilizar a fórmula considerando apenas os desligados.

(Número de admissões + número de desligamentos) / 2 / número total de funcionários x 100

Quando bem trabalhado, o *turnover* pode indicar elementos importantes para a empresa, como:

- qualidade do processo de recrutamento e seleção;
- qualidade do *onboarding*, que é o processo de admissão de um funcionário;
- capacidade de retenção de talentos da empresa.

Índice de horas extras

O primeiro item da fórmula a seguir trata das horas extras realizadas, independentemente de serem pagas ou não (banco de horas) durante o mês corrente; já o segundo configura o total de horas trabalhadas no fechamento da folha de pagamento.

(Quantidade de horas extras / quantidade de horas trabalhadas) x 100

É a relação entre a quantidade de horas extras e horas trabalhadas. Os resultados elevados desse cálculo podem revelar diversos pontos de atenção, por exemplo:

- funcionários sobrecarregados ou mal treinados e desenvolvidos;
- funcionários com políticas de remuneração mal estabelecidas, tentando a compensação a partir do trabalho além do horário;
- cultura organizacional na qual se valoriza funcionários que trabalham além do horário para demonstrar envolvimento com seu trabalho e com a empresa.

Custo médio de treinamento *per capita*

É a relação do valor gasto com treinamento e do número de funcionários na empresa, conforme fórmula a seguir. Você também deve considerar treinamento externo e interno, incluindo despesas de viagens.

Valor mensal gasto com treinamento / número de funcionários

Também pode ser calculado o tempo médio de treinamento por pessoa. Basta somar as horas totais dispendidas em treinamento e dividir pelo número de funcionários.

Muito se fala a respeito do retorno sobre o investimento (ROI) e, ao calculá-lo sobre o valor aplicado em treinamentos, é avaliado se a realização de capacitações trouxe bons resultados financeiros. O ROI é calculado dividindo-se os resultados obtidos com treinamento, como uma redução de custo que a empresa obteve ou um incremento nas vendas, pelo seu custo.

Índice de acidentes de trabalho

Calcula o número de acidentes de trabalho considerando o total de funcionários ativos, de acordo com a fórmula a seguir. Avaliar esses indicadores permite desenvolver medidas de prevenção e promover a qualidade de vida dos profissionais, pois alguns tipos de acidente geram sequelas e transtornos graves às pessoas e às empresas. Os resultados elevados desses índices podem indicar a necessidade de um investimento em segurança e de oferecer capacitações aos funcionários.

(Número de acidentes / total de colaboradores ativos) x 100

Relações trabalhistas

As reclamações trabalhistas evidenciam o cumprimento dos direitos básicos do profissional, as falhas na gestão e os conflitos organizacionais. Índices elevados do cálculo a seguir podem levar a organização a repensar em suas políticas de gestão e no efeito de suas lideranças internas. Esse indicador pode também revelar a imagem da empresa perante a sociedade na qual está inserida, assim como sua credibilidade no mercado.

(Número de reclamações trabalhistas / número de profissionais desligados) x 100

Índice de retenção

É o percentual de empregados que permanece na organização após um determinado período, contado a partir da data de admissão — vale a comparação da empresa com os seus valores passados e a utilização de referenciais de excelência (*benchmarking*). Valores muito baixos podem indicar complicações no recrutamento ou no clima organizacional. Já o seu acompanhamento, assim como todos os indicadores, pode antecipar a resolução de problemas.

(1 – desligamentos no período) x 100 número de admissões

Equidade de gênero/escolaridade

Os dados sociais são importantes para conhecer o perfil dos profissionais que estão na empresa e auxiliar no planejamento, inclusive na interpretação de outros indicadores. Conhecer as idades, o tempo de casa, a quantidade de homens e mulheres, o grau de instrução, entre outras questões, motiva a realização de análises mais completas, pois a avaliação das diferenças de gênero é fundamental para promover políticas de equidade de direitos. O grau de instrução também influencia as relações, e é preciso ter cuidado com essa questão para melhor compor as equipes.

Esse tipo de indicador é obtido por meio de pesquisas na organização, nas quais a leitura dos registros dos profissionais e a separação dos dados de cada área podem auxiliar na visão demográfica da empresa, assim como a construção de gráficos e tabelas com as informações ajuda no estudo dos grupos de forma ágil e efetiva.

Desse modo, cabe aos gestores o planejamento de quais indicadores de desempenho podem contribuir para a gestão de pessoas da empresa e o que esses resultados contribuem para ela em geral. Contudo, o que deve ser considerado é o trabalho operacional nesse cálculo, para que não se torne apenas mais uma atividade da área, sem ter um acompanhamento eficiente e atento aos motivos dos índices apurados e sem preocupação efetiva na correção, em tempo, de problemas apontados por eles.

Plano de ação

Além de estabelecer os indicadores a serem utilizados na administração da empresa, deve-se ter claro aonde se deseja chegar. É de extrema importância que a gestão trace suas linhas estratégicas para que os indicadores estejam de acordo com os objetivos organizacionais. Diante disso, os gestores devem seguir três passos.

1. Traçar o objetivo estratégico: o que deve ser alcançado e o que é crítico para o sucesso da organização?
2. Estabelecer as metas: os níveis de desempenho ou as taxas de melhoria necessários.
3. Traçar um plano de ação: programas de ação-chave necessários para se alcançar os objetivos, com o estabelecimento de indicadores.

Em complemento a esses três passos, também é necessário que a gestão da empresa faça os seguintes questionamentos:

- Quais os indicadores que são realmente importantes para o negócio da empresa e para as áreas?
- Qual o objetivo de cada indicador?
- Quem deve calculá-los?
- Com que periodicidade os indicadores devem ser calculados?
- Como e onde as variáveis de cada indicador serão observadas?
- Como informar aos setores?

A partir dessas questões, a gestão de pessoas pode ser a responsável por acompanhar a aplicação desse plano de ação, porém é de responsabilidade da gestão geral da empresa. Pode-se prever também como os gestores de diferentes áreas podem trocar informações entre si a respeito de indicadores e boas práticas que possam minimizar algum problema demonstrado por meio deles.

Pelo absenteísmo, por exemplo, se um gestor verificar a partir dos cálculos que existe um valor muito alto com relação aos atrasos, ele pode implantar uma premiação mensal aos funcionários que conseguirem cumprir seus horários de entrada e saída diariamente. Para isso, ele deve calcular ou solicitar a lista, para a gestão de pessoas, de todos os funcionários de sua equipe que cumprirem os horários e, assim, entregar o incentivo prometido, pois do contrário, causará um efeito negativo, e as pessoas se desestimularão e passarão a não confiar mais nas regras internas, piorando os índices de absenteísmo.

É muito importante se ter um cuidado para que o cálculo desses indicadores não se torne uma tarefa operacional, sem utilidade para a gestão, e não estabelecer muitos deles para não sobrecarregar a pessoa que deve realiza-los. Deve-se verificar também com cada setor a sua necessidade, pois isso pode depender do perfil das pessoas que compõem as equipes.

Nem sempre o gestor de cada área calculará os indicadores, porém, todos eles devem saber a importância da interpretação e observação das informações diante de suas equipes, pois deixar que um indicador se torne um problema muito grande pode não ter solução imediata e gerar desgaste para o grupo e o negócio. Por isso, o apoio da gestão de pessoas se torna tão essencial, para abastecer os gestores com seus indicadores necessários e, se for o caso, auxiliar na tomada de decisões e conduções de programas de incentivos ou monitoramento junto aos funcionários da empresa.

Link

O modelo de sistema de gestão *balanced scorecard* (BSC) pode auxiliar no acompanhamento das estratégias da empresa. Entenda como isso funciona no vídeo a seguir.

https://goo.gl/btdSq7

Referências

ASSIS, M. T. *Indicadores de gestão de recursos humanos*: usando indicadores demográficos, financeiros e de processos na gestão do capital humano. 2. ed. Rio de Janeiro: Qualitymark, 2012.

FITZ-ENZ, J. *Retorno do investimento em capital humano*: medindo o valor econômico do desempenho dos funcionários. São Paulo: Makron Books, 2001.LIMONGI-FRANÇA, A. C. *Práticas de recursos humanos*: PRH: conceitos, ferramentas e procedimentos. São Paulo: Atlas, 2008.

Leituras recomendadas

BASSI, E. R.; SIMONETTO, E. O.; COSTA, V. M. F. A utilização de indicadores de gestão de recursos humanos pelos Institutos Federais de Educação, Ciência e Tecnologia (IFETs). In: CONGRESSO NACIONAL DE EXCELÊNCIA EM GESTÃO, 11., 2015, Rio de Janeiro. *Anais...* Rio de Janeiro: Inovarse, 2015. p. 1-21. Disponível em: <http://www.inovarse.org/sites/default/files/T_15_350.pdf>. Acesso em: 17 fev. 2018.

BENCHMARKING paranaense de RH. *ABRH-PR*: Associação Brasileira de Recursos Humanos. Disponível em: <http://www.abrh-pr.org.br/benchmarking-paranaense-de-rh/>. Acesso em: 10 fev. 2018.

FURTADO, M. O que é e como calcular o turnover. *Convenia*, 18 mar. 2017. Disponível em: <http://blog.convenia.com.br/como-calcular-turnover/>. Acesso em: 10 fev. 2018.